TRADITIONS

ANCIENNES

(ANGLETERRE, etc., RUSSIE ET FRANCE).

PAR H. D

Auteur de LONGÉVITÉ

TOME SECOND

RUSSIE ET FRANCE.

PARIS

D. GUÉRIN, ÉDITEUR

37, Rue de Rome

—

1894

TRADITIONS ANCIENNES.

TRADITIONS

ANCIENNES

(ANGLETERRE, etc., RUSSIE ET FRANCE).

PAR H. D

Auteur de LONGÉVITÉ

TOME SECOND

RUSSIE ET FRANCE.

PARIS

D. GUÉRIN, ÉDITEUR

37, Rue de Rome

1894

TABLE

DU TOME SECOND

LA RUSSIE

TRADITIONS ANCIENNES.

LA RUSSIE

Cette histoire présente un glorieux contraste.

L'Empire de Russie, au monde est le plus vaste,

Il prime ceux d'Europe ensemble réunis ;

Mais il ne comptait pas en seize cent soixante,

Parmi les nations, où se trouvaient unis

Progrès de toute sorte et mutuelle entente.

La Russie en ces temps à peine méritait

Parmi l'humanité quelque place marquée.

Elle ignorait les Arts ; sans commerce elle était ;

De milice n'avait nulle force indiquée.

La Moscovie enfin, qui peut le concevoir ?

Avec tant et tant d'yeux, ne pouvait encor voir.

Douze ans plus tard naquit un bienfaisant génie.
Le Czar Pierre le Grand fit briller radieux,
Sur l'Empire naissant, une gloire infinie,
Par ses travaux, son art, ses efforts généreux.

Dans le Monde, à présent, la puissante Russie,
Elevée au plus haut, possède le pouvoir.
Par ses progrès, sa force et sa suprématie,
Elle peut gouverner, maîtriser et vouloir.
Elle tient en ses mains, Nation Souveraine,
Une paix qu'Elle sauve et fait Européenne.

Dans ce mois de * Septembre, en dix neuf cents moins sept,
Tout cœur reconnaissant le sent et le dit net ;
Il n'est gloire qui monte aussi haut que la sienne ;
Oui, pour sauver l'Europe, une *Etoile brillait*,
Que, pour bienfait si grand, tout le monde admirait.

---

* 3 septembre 1893.

Les Slaves, au début de notre ère Chrétienne,
Du nord de la Russie antiques habitants,
Se répandant au sud, firent en peu de temps,
Une puissance forte, autant que très ancienne.

— An 225. —

L'Empire Goth ensuite envahit celui-ci.

— An 375. —

Cent cinquante ans plus tard, il fut conquis aussi.
Les Huns le possédant, il devint le passage,
Alors si dévasté, des barbares de l'est,
S'en allant occuper les régions d'ouest,

— An 600. —

En ne faisant partout qu'un incessant pillage.
On ne voyait alors que fluctuations,
Changements d'habitants et perturbations.
Alternativement les Huns et les Bulgares
Fuyaient, ou remplaçaient les Alains, les Khazares ;
Quelques villes enfin vinrent à se fonder,

— An 600. —

Novogorod d'abord, qui put, sans trop tarder,
Se faire remarquer entre toutes ces villes,

S'agrandir, conquérir, par des travaux habiles,
Sa propre indépendance et les gloires du temps.

— An 862 —

Elle réunissait trois cent mille habitants.
 Au milieu des périls Novogorod tremblante
Demanda le secours des Varègues voisins.
 De ces nombreux guerriers la troupe très vaillante
Ayant pour chef Rurik, sauva les citadins ;
Mais insensiblement, pour ce service extrême,
Rurik prit le pouvoir, fut le premier des Czars,
Défendit ce pays contre tant de pillards,
Mit à Novogorod sa noble Cour suprême.

 Tel fut le premier chef de l'Empire naissant,
Dont la race régna plus de sept cents années,
Conservant le pouvoir, réglant les destinées ;
Mais sans produire encore un Empire puissant.

— An 879 —

Son fils Igor régna, d'abord sous la tutelle
De son parent Oleg, qui lui fit épouser
Olga très jeune fille, aussi brave que belle.

Chez Olga, tout enfant, il avait su priser
Les hautes qualités d'une jeune Princesse.

En bas âge elle fut élevée à la Cour
Et partageait les jeux d'Igor qui, dès ce jour,
Futur Czar de Russie, était aimable Altesse.

Dès que jeunesse fut, pour cette belle Olga,
La source de sujets si gracieux de plaire,
Le cœur d'Igor, pour elle, aussi lui prodigua
Tous les plus charmants soins, comme bon cœur doit faire.

Chaque jour accroissant son inclination,
S'éloigner d'elle était pour le Prince impossible.

Enfin l'amour forma cette tendre union,
Le Czar fut marié le plus vite possible.

Aux pieds de son épouse Igor se délassait
Des moments qu'il donnait à ses grandes affaires.
Il mourut au combat, pendant qu'il repoussait
Les peuples Drzevliens, terribles adversaires.

— *An 945* —

Olga devint régente après la mort d'Igor.

Par l'amour conjugal, surpassant Andromaque,
Elle fait beaucoup mieux que la veuve d'Hector.
Contre ses ennemis elle poursuit l'attaque.

Vers elle, sans délai, plusieurs Ambassadeurs
Viennent lui proposer, afin que paix se fasse,
D'épouser l'un des Chefs des ennemis vainqueurs.
Aussitôt, pour répondre à tant de front, d'audace,
Elle veut qu'à l'instant ces hardis députés
Soient en un puits profond vivants précipités.
On comble enfin ce puits de pierres et d'argile,
Ensuite, avec fureur, on assiège leur ville.

Aux flammes on la livre et bientôt on ne voit
Qu'un carnage effrayant, un incendie immense,
Des morts accumulés, victimes de vengeance
Et la destruction, qui complète l'exploit.

Cette Princesse habile, à son époux fidèle,
Sut venger son pays, le Czar et son mari,
Massacrer l'ennemi, puis, sans s'occuper d'elle,
Veuve elle ne songea qu'à son seul fils chéri.
Convertie et chrétienne, elle fut baptisée
Et, sous le nom d'Hélène, enfin canonisée.

Dès que le Prince sut gouverner le pays,
Elle remit le trône, à ce Czar bien acquis.

— An 961 —

Sviatoslav premier, fils de Reine si sage,
Dans l'histoire n'a pas aussi brillante page.
Tel fut le fruit, ingrat d'une éducation
Pleine de soins, d'amour et d'abnégation.

— *An 980* —

Après ce règne vint le règne d'un grand Prince,
De Vladimir premier, le fils du dernier Czar.
   N'ayant reçu d'abord qu'héritage trop* mince,
Il l'accrut vaillamment, et fut presque un César.
Il soumit devant lui tous les peuples barbares,
   Jusqu'à la mer Baltique, il fut victorieux.
   Dans de nombreux combats il vainquit les Bulgares.
   Idolâtre il était comme tous ses aïeux.

   Il aimait les plaisirs, non sans grande faiblesse.
   Sa femme préférée, en ce temps Rogneda
N'avait point partagé l'amour qui le guida.

---

* Il n'eut d'abord que Novogorod, à la mort de son père.

Un jour qu'il reposait auprès de la Princesse,
Celle-ci désolée en se remémorant
Quelque fait du passé, dans son cœur s'égarant,
S'empare d'un couteau, veut l'en frapper, haineuse.

Le Prince au même instant réveillé s'aperçoit
Du danger encouru, tremble de ce qu'il voit
Et lui serre le bras d'une main vigoureuse.

Il saisit le couteau, qui ne peut plus servir.

Devant le coup paré, Rogneda désarmée
N'est, en un tel moment, nullement alarmée
Et ne témoigne en rien le moindre repentir.

Elle dit en pleurant : — « Tu fis mourir mon père,
« Tu fis mourir ma mère, en même temps mon frère ;
« De ta main mon pays se trouve ruiné.
« Tu poursuis de ta haine un fils infortuné,
« Comme de tes mépris, tu désoles sa mère ! »

Vladimir entendant surtout ces derniers mots,
Ordonne à Rogneda, que son regard menace,
De vite se parer de ses habits royaux

Et d'aller sur son trône, à l'instant prendre place
   Elle y doit recevoir son juste arrêt de mort.
Bientôt il va trouver en effet la Princesse ;
Mais quel tableau touchant désarme le plus fort !
Le Czar impatient est frappé de faiblesse.
Il aperçoit son fils, près de sa mère assis,
Tenant un sabre nu qu'il présente à son père.
  « Seigneur, lui dit l'enfant, effrayé, mais soumis,
  « Frappez-moi le premier ; que le sang de ma mère
  « Ne soit pas répandu sous les yeux de son fils. »
   Vladimir attendri lui retire son arme
Et dit tranquillement : « Enfant, qui t'a mis là ? »
   Le Czar devant ce fils ne répond que cela.
Sa colère s'apaise, un enfant le désarme.

   Vladimir, par ce trait de modération,
Répandit bien au loin sa réputation.
   Il fit la loi, bientôt, à l'Empereur Basile,

— An 988 —

Qui contraint, lui donna, pour épouse, sa sœur.

Ce début glorieux fut, de sa part, habile
Et l'éleva de suite à très grande hauteur.

Après son mariage avec la Princesse Anne,
Sœur de deux Empereurs alors tous deux chrétiens,
Vladimir reconnut, par les plus sûrs moyens,
Qu'à sa religion, religion profane,
Il fallait préférer celle des vrais chrétiens.

— An 988 —

Il se fit baptiser, suivant les désirs d'Anne
Et voulut qu'en Russie on quittât les faux dieux,
Qu'on baptisât chacun, ce qu'on fit en tous lieux.
    Renversant toute idole, on fonda des Églises.
On accomplit partout de saintes entreprises.
Monastères puissants furent bientôt bâtis,
Et Russes, par milliers, se virent convertis.
    Les lettres, l'écriture, en écoles publiques,
Furent l'objet de soins, de progrès authentiques.
Quelques arts à la cour, au Prince se montrant,
Rendirent ce grand peuple un peu moins ignorant.

Vladimir, en un mot, mérita cette gloire
D'être appelé *Le Grand*, même *Saint* dans l'histoire.
Il laissa douze fils et malheureusement
Leur partagea son trône à tous également.

Depuis on ne vit plus que guerres incessantes
Ramenant la Russie aux ères précédentes.
Ces haines, ces fureurs, ces désordres nombreux,
Appelant l'ennemi, firent que les Tartares,
Sous leur chef Gengis-Khan, peuples les plus barbares,
Couvrirent la Russie, en pillards envieux.
Les Princes du pays n'eurent que des supplices.
Ceux que l'on épargna, soumis à leurs vainqueurs,
Furent assujettis, faibles adulateurs,
A de honteux tributs, de dures injustices.

Les Russes ont langui longtemps sans nul éclat,
Accablés six cents ans, ils n'ont vu, dit l'histoire,
Que le règne d'Ivan qui mérite mémoire.
De ces temps reculés, il montrera l'état*.

— An 1539 à 1584 —

Ivan, dit le Terrible, a fait, dans son long règne,
Choses qu'il ne faut pas qu'en des vers on dépeigne ;
Nous ne devons citer que les traits principaux,
Ceux que l'on reconnaît surtout originaux.

Certain Ambassadeur, admis en sa présence,

----

* Pierre le Grand naquit en 1672. Ce n'est que de cette époque que date l'affranchissement, l'accroissement et la civilisation de la Russie.

Un jour reste couvert, par quelque négligence,
   Il dit que sur sa tête on clouât le chapeau,
Ce que l'on fit armé d'intelligent marteau.

   Un Lord d'Elisabeth, la Reine d'Angleterre,
Vers le Czar envoyé pour Plénipotentiaire,
En sa présence osa de sang-froid, se couvrir.
  « Ne sais-tu pas, lui dit Ivan qui veut punir,
  « Quel traitement fut fait, pour faute en tout semblable ?
  « L'Ambassadeur Anglais à cela lui répond :
  « Je ne l'ignore pas ; mais sous le pavillon
  « De la plus grande Reine, on n'est pas accusable,
  « Elle ne permet pas qu'on offense jamais
  « Impunément celui qui juge de la paix. »
   Le Czar surpris admire une telle réponse ;
Et, comme Ulysse, fait, aux siens, une semonce :
  « Voilà bien homme brave, en vérité, dit-il,
  « Qui, de vous eût montré ce sentiment viril,

« Eût parlé de la sorte, en soutenant ma cause ?
« Pour sa Reine, voyez si celui-là s'expose ! »

D'infidélité grave, ayant fort soupçonné
Novogorod, sa ville, alors très remuante
Il a fait vite prendre et vite a condamné,
De son seul jugement, la masse suppliante.

Ce Prince était bizarre, autant qu'homme d'honneur.
Encore quelques mots, pour vous plaire, lecteur.

Ivan fait un voyage à travers son Empire
Et reçoit de chacun un présent qu'il admire.
Un cordonnier lui donne un navet gigantin
Qu'il venait d'obtenir lui-même en son jardin.
Pour prouver ce qu'il sait, très bien, dans son art, faire,
De souliers il y joint une excellente paire.
Le Czar est très content de ce brillant cadeau.
Pour encouragement, tous les gens de sa suite,

D'après ordre donné, partout transmis ensuite,
Devront être chaussés par ce bon cordonnier,
Payer double le prix, sans se faire prier.

Un Gentilhomme alors prend dans son écurie
Son plus fringant cheval et va l'offrir au Czar,
Se croyant assuré que sans aucun retard
Il obtiendra grand prix de sa galanterie.

Du Czar reconnaissant il reçoit le navet,
De l'heureux cordonnier le précieux objet.

Pour toute sa noblesse, il était très sévère.
Habituellement il portait un bâton,
Garni de pointe en fer, dont il piquait, dit-on,
Les jambes des seigneurs en visite ordinaire.

Il prouvait de l'estime à ceux qui supportaient,
Sans marquer de douleur, le mal qu'ils ressentaient.

Des Anglais ayant ri de l'un de ses caprices,
Il les fit amener, mettre nus, par malices,

Dans son appartement, se plaît à les forcer,
En si piteux état, à saisir, ramasser
Plusieurs litrons de pois, que l'on vient de répandre.
Ces pauvres malheureux, à terre devant prendre
Les pois l'un après l'autre, en sont très fatigués.
   Quelques soins généreux vont être prodigués ;
   On donne à tous du vin, ranimant leur courage,
Puis on dit à chacun de s'en aller plus sage.

   Une autre fois il prend un habit d'ouvrier,
Au village voisin veut aller essayer
De trouver chez quelqu'un simple gîte ordinaire.
   De porte en porte donc il s'en va pauvre hère,
Prier de vouloir bien lui donner logement.
   Personne n'y consent, ne peut pour le moment.
Un pauvre homme, à la fin, accède à sa demande,
Lui fournit de bon cœur, chambre, lit, une offrande,
Se montre bienveillant, charitable à souhaits,
Pour l'étranger qu'il veut combler de ses bienfaits.

Sa femme cependant était alors en couche ;
Mais de cet ouvrier, le triste état le touche.

Le Monarque, au logis, une fois installé,
Est en ami reçu, même bien régalé.

Pour témoigner de suite à cet hôte admirable,
Une reconnaissance, en tout bien concevable,
Comme remercîment, il dit que, dès demain,
Il lui présentera Marraine et bon Parrain,
Tous les deux destinés à l'enfant qui va naître.
Au jour dit, il revient et fait alors paraître
La splendeur de son rang, devant l'hôte surpris
D'avoir un tel Parrain, sous ses yeux éblouis.

De cet hôte, on le voit, la fortune est complète.

Mais cela n'est pas tout. Le Monarque décrète
Que les autres maisons de ce village entier
Vont périr par le feu, que jusques au dernier,
Chacun des habitants, chassé dans la campagne,
S'y verra traité même impitoyablement.
Il dit qu'ils deviendront incontestablement

Plus sensibles pour ceux, que l'infortune gagne,
Quand ils auront senti, glacés tous par le froid,
Combien on peut souffrir, la nuit, hors de son toit.

On cite encor d'Ivan l'aventure suivante,
Trait de bizarrerie, histoire assez plaisante.
Un jour il s'était joint à d'effrontés voleurs.
Il leur propose net un tour et des meilleurs,
Celui d'aller piller le trésor du Monarque.
Aux voleurs réunis, il fait cette remarque :
Que le trésor est grand et qu'il sait le moyen
De le prendre à coup sûr, en bon praticien.
Il donne des détails sur ce qu'il faudrait faire,
Développe son plan, se montre téméraire,
Jusques à déclarer, d'un splendide sang-froid,
Que, s'en chargeant lui-même, il y vole et tout droit.
L'un de ses auditeurs, dans son impatience,
Ne se modérant plus, lui donne un grand soufflet,
Le traite de coquin, disant à ce sujet,

Qu'il était très injuste envers son Excellence.
« Ce Czar est très bon Prince, ajoute le voleur,
« De tous nos Chefs passés, c'est bien lui le meilleur.
« Il a tant de Seigneurs, qui le pillent sans crainte,
« Sur ceux-ci nous pourrions, sans regret, sans contrainte
« Faire un gain légitime et celà vaudrait mieux. »
    A ces mots bien sentis, le Prince, tout heureux
Ne se tient plus lui-même et dans son allégresse
Avec cet honnête homme il change de chapeau,
Lui fixe un rendez-vous pour boire de nouveau
Et causer de l'affaire avec prudence expresse.
    En effet celui-ci se trouve au rendez-vous.
    Jugez de sa surprise et qui fut le plus doux !
    Le Prince, heureux ici de se montrer propice,
Prend si bon défenseur de suite à son service.

LA FRANCE.

TRADITIONS ANCIENNES.

LA FRANCE.

INTRODUCTION.

La Celtique, la Gaule, ou Gaule transalpine,
Conquise par les Francs de lointaine origine,
Est pour nous tous Français, le champ très glorieux
Des combats, des hauts faits de ces premiers aïeux.
Nous allons suivre ici leurs destins et leurs gloires.
L'histoire des guerriers conquérant ce pays,
S'y fixant à jamais, aura pour nous du prix.
Nous serons, tant de fois, heureux de leurs victoires.

ORIGINE DES FRANCS

En l'an deux cent quarante, (*) asservis aux Romains,
Les Gaulois aspiraient aux secours des Germains,
Qui les pourraient sauver de leur dur esclavage.
  En Germanie, alors, où le même servage
Etait tant redouté, les peuples Francs nombreux,
De l'Elbe, aux bords du Rhin, firent, unis entre eux,
Une nation forte, et prête à se défendre.
Comme pour envahir, prête à tout entreprendre.
  Nous les verrons braver le colosse Romain
Et plus tard triompher du peuple souverain.
  Ils sauront repousser l'ennemi de la Gaule,
Puis y remplir enfin leur plus glorieux rôle.

(*) En l'an 240, après J.-C.

Mais jetons un coup d'œil, digne d'un premier soin,
Sur l'union des Francs, par eux formée au loin.
Cette réunion comptait tous les Bructères,
Les Sicambes aussi, les Cattes, les Teutères,
Dont les noms (*) sont donnés par les historiens :
Et les Francs comprenaient tous les Francs Saliens (**)
Ainsi que ceux du Rhin nommés Francs Ripuaires (***).
  Contre les fiers Romains ces peuples combattaient
En vainqueurs ou vaincus, malgré tout résistaient.
  En s'unissant nombreux ils se fortifièrent
Et plus facilement enfin ils triomphèrent.
  A la charge sans cesse, en masse ils revenaient.
  Quand il leur arrivait quelque fâcheuse affaire,
Ce n'était aux vaincus que douleur passagère.

(*) Auxquels noms s'ajoutent les Chérusques, les Chamaves, Marses, Chauces, Antivariens, Frisons, etc., etc.
(**) Les Francs des bords de la Sala, aujourd'hui l'Yssel (Hollande).
(***) Ceux-ci avaient pour ville principale Cologne.

Pour leur premier berceau, celui des anciens temps,
Que l'on puisse appeler leur antique demeure,
L'opinion qui semble à plusieurs la meilleure,
Est que ces grands guerriers venaient des descendants
Des anciens Rois de Troie. On peut très bien le croire.
En faveur des Français, ainsi parle l'histoire. (*)

(*) Voir l'histoire de France de M' l'abbé Velly, 1775, page 1, et l'histoire : De origine Francorum, par M' l'abbé Triphème. D'après ce savant chroniqueur, né en 1462, aux environs de Trèves, Marcomir est le nom de plusieurs Princes que l'on fait régner sur les Francs bien avant Pharamond. Marcomir I serait le fils du Troyen Anténor et aurait conduit les Francs de la Troade, en Germanie. Marcomir III est placé sous le règne de Claude. Marcomir V est supposé le père de Pharamond. Il était en effet à la cour de Rome en 395, (voir plus loin ici pages 34, 35, 38).

LES FRANCS EN GERMANIE.

Les Francs en Germanie étaient tous des guerriers.
Au sein de leurs forêts ils prenaient leurs quartiers.
Aimaient la liberté, leurs rustiques demeures.
Ils avaient, même en mer (*) tactiques les meilleures.
Les Francs hospitaliers, généreux, tempérants,
Étaient non point pasteurs, mais futurs conquérants.
Ils savaient affronter la plus terrible bête
Et s'en faisaient un jeu, fiers de lui tenir tête.
Commerçant par échange, ils n'avaient besoin d'or,
Leur bravoure connue était leur seul trésor.

(*) Les Francs formaient, suivant le témoignage de Pline, le peuple de l'Europe qui entendait le mieux la mer. Leurs vaisseaux faits de plusieurs cuirs cousus ensemble, ou d'osier couvert de cuirs, n'avaient ni voiles ni proue et n'avançaient qu'à force de rames. Ils rangèrent la côte de la Gaule et de l'Espagne et pénétrèrent, par le détroit de Gibraltar, jusque dans la Méditerranée.

Le soleil et la lune, arbres, feux et rivières,
Chez ces peuples étaient divinités premières.
Pour temples ils comptaient les antres ténébreux
Au milieu des forêts, les points les plus ombreux.

Les femmes n'apportant succession aucune,
Ne possédaient jamais, en dot, nulle fortune.
Les Francs avaient alors à peine quelques lois.
Les principaux d'entre eux étaient chefs, mais non Rois,
Ces généraux portaient très longue chevelure,
Pour eux distinction simple, mait toujours sûre.
Le général n'avait, partageant le butin,
Jamais pouvoir d'y faire aucun choix clandestin.
Pour arme, ils employaient et la lance et l'épée,
La pique, la massue énorme et découpée,
Qu'ils jetaient au milieu des groupes ennemis,
La hache et le maillet, la fronde aux traits précis.
On admirait alors leur belle infanterie,
Leurs chariots, leurs chars et leur cavalerie.

Chacun des Francs portait aussi le bouclier, (*)
Qui fut l'arme d'honneur de tout brave guerrier.
   Sauver le bouclier était tout une gloire.
Que de fois, à ce soin, durent-ils la victoire !

———

(*) Le bouclier était une arme défensive qui se portait au bras gauche et qui servait à protéger le corps des coups de l'ennemi. Les premiers boucliers furent tressés avec de l'osier ou faits de bois légers, puis recouverts de cuir de bœuf et bordés de lames de métal.

Dans les premiers temps de la Monarchie des Francs, les Princes ou chefs choisis par la Nation, étaient élevés sur un bouclier appelé *pavois*, et montrés ainsi au peuple assemblé.

C'était une honte que d'abandonner son bouclier sur le champ de bataille.

PREMIÈRES GUERRES DES FRANCS
CONTRE LES ROMAINS.

L'habileté des Francs effrayait les Romains,
Empressés d'en venir décidément aux mains
Avec la Nation partout très bien connue,
Qu'on ne devait alors jamais perdre de vue.

— Vers l'an 60 avant J.-C. —

Les Francs avaient vaincu déjà plus d'une fois,
Jules César lui-même, auquel, par leurs exploits,
Ils avaient infligé la manœuvre fâcheuse
De repasser le Rhin, retraite douloureuse.

Auguste qui voyait l'univers sous ses lois,
N'avait pas pu, des Francs, abattre le courage.
On sait son désespoir, sa colère, sa rage,
Quand, à Rome il apprit ce qu'avait fait Varus,

— L'an 10 après J.-C. —

Que surprit, massacra le chef Arminius (*

(*) Arminius était le fameux général des Chérusques de la ligue des

En détruisant, du coup, trois légions Romaines.
Auguste, dont le sang s'échauffait dans ses veines,
Disait : « Varus, Varus, rends-moi mes légions »
Et répétait souvent ces exclamations.
Plus tard Arminius, de mémoire très chère,
Devint après sa mort, un dieu pour les Germains.
Sous le nom d'Irminsul, il fut dieu de la guerre,
Gloire alors accordée aux illustres humains.

—

Francs. Il se soutint longtemps avec avantage contre les forces Romaines commandées par Germanicus, et les contraignit à abandonner la
Germanie. — Dans la suite, ayant aspiré au titre de Roi, il fut empoisonné par un de ses compatriotes, l'an 19 après J.-C. Il n'avait que 37 ans.
   Après sa mort, les Germains en firent un dieu, sous le nom d'Irminsul (dieu de la guerre). Charlemagne détruisit cette idole en 772.

Sous Tibère, Vérus (*) et jusqu'à Marc-Aurelle
On ne fit plus aux Francs d'inutiles querelles.
On voulut seulement s'éviter le chagrin
De les voir entreprendre un passage du Rhin.

— *An 169* —

Cependant Marc-Aurelle, espérant les surprendre,
Au fond de leurs marais, essaya de les prendre.
Le triste résultat de ses hardis combats
Fut qu'il perdit d'abord trente mille soldats.
Il vainquit à la fin ; mais dans son franc langage
Aux talents des vaincus il voulut rendre hommage
Et ne se dit vainqueur, suivant tous ses aveux,
Que par suite de faits vraiment prodigieux.

— *An 220* —

Alexandre Sévère, aux bruits de leurs hauts faits,
Prodigua ses trésors, pour acheter la paix,
Effrayé de risquer de sanglantes batailles.
On n'eut pendant vingt ans aucunes représailles.

— *An 253* —

Mais sous Valérien, la nation des Francs,
Forte d'hommes nouveaux, tous très entreprenants,

(*) De l'an 14, à 161, après J.-C.

Se répandit en grand du côté de la Gaule.
Aurélien alors eut pour lui le beau rôle.
Il fit des prisonniers, tua sept cents soldats,
Et l'on vanta beaucoup ces faibles résultats.

— *An 240* —

Une autre irruption en Gaule eut lieu de suite
Et sa fougue, en ce cas, ne put être détruite.

— *De 260 à 268* —

Les troubles qui régnaient, sous les trente tyrans,
Vinrent favoriser la tactique des Francs.
Ils surent profiter dès cette circonstance,
De ce que produisit tant d'inexpérience ;
Et redoublant d'efforts, furent aventureux,
Se montrèrent partout des plus audacieux.

— *An 276* —

En Gaule ayant surpris plus de soixante villes
Ils surent, aux combats, se montrer très habiles.
Vers l'Espagne et l'Afrique, ils coururent les mers.
Les Francs eurent pourtant parfois quelques revers.

— *An 350* —

Pour prix de leur bravoure et de leur persistance,
Rome accorda la paix sous l'Empereur Constance.

Ce traité glorieux, pour tous les chefs des Francs,
En fit briller plusieurs (*) à Rome aux premiers rangs,
Aux plus flatteurs emplois, à la Cour, à l'armée,
Comme le méritait leur juste renommée.
Mellaubaudes (**) roi Franc, en ce temps le premier
Dont l'histoire nous parle y fut très grand guerrier.

A sa mort, les Romains regrettèrent sa perte.

———

(*) Entre autres Mellaubaudes, Arbogaste, militaire couronné qui fut Ministre puissant et même impérieux sous Valentinien, en 392. Marcomir, Sunnon, deux chefs Francs en 395, etc., etc.

Il est dit dans l'histoire, au sujet de ces deux derniers : « Stilicon « exerça tout pouvoir en Occident, et fit épouser sa fille à Honorius « Empereur. Il fit respecter quelque temps les frontières de l'Empire « par les barbares, contint les Francs, enleva un de leurs Rois, Marco- « mir, en fit tuer un autre, Sunnon, etc., etc. »

(**) Mellaubaudes commandait les gardes sous Constantin Empereur. Il commanda l'armée Romaine contre les Guades, en 373,

— An 395 —

Une facilité plus grande étant offerte,
Les Francs furent enfin vigoureux conquérants,
Vaillamment préparés depuis cent cinquante ans.
Ils formèrent alors, entre le Rhin, la Meuse,
Une première étape assez avantageuse.

— An 409 —

Rome, dans ce moment, se trouvait aux abois.
Alaric y dictait les plus cruelles lois.

— An 415 —

Les barbares, en Gaule occupaient l'Aquitaine,
Honorius enfin se soutenait à peine,
L'Armorique, le Nord, le côté des Normands,
Se montraient en faveur des Ripuaires Francs.

— An 416 —

De ces peuples unis la nation formée
Justifia dès lors sa juste renommée.
Théodomir (*) habile et négociateur

(*) Théodomir, parent de Marcomir et de Sunnon chefs Francs, fut reconnu pour chef, succédant à ses parents. Il déploya dans la guerre et dans les négociations, une capacité que la Nation n'avait encore vue

Homme, jugé partout d'une grande valeur,
En face de la Gaule, agit avec prudence
Et sut de l'Armorique, obtenir l'alliance.
Cette ligue devint formidable aux Romains ;
Il s'ensuivit la guerre et succès incertains.
 Théodomir alors sut vaincre l'anarchie

— *An 45* —

Et fonda le berceau de notre Monarchie.

---

dans aucun de ses rois. Il se comporta envers les Gaulois avec une prudence qui assura les victoires et les conquêtes de ses successeurs et fut vraiment, par cette conduite, le fondateur de la Monarchie Française.

MONARCHIE DES FRANCS.

RACE DES MÉROVINGIENS.

PHARAMOND.

— L'an 420 —

Pharamond *, le premier fut choisi dans ce temps,
Après Théodomir, pour régner sur les Francs.
Par ces peuples unis, Pharamond jugé digne
De devenir leur Chef, reçut l'honneur insigne
D'être, en quatre cent vingt, porté sur le pavois,
Proclamé premier Roi, d'une unanime voix.

Pharamond a fixé, dit-on, la loi Salique,
Code de règlement, qui fut loi monarchique.

(*) Quelques historiens disent que Pharamond, qui était de la race
Royale, fut d'abord tuteur des enfants de Théodomir; mais que sa sagesse et sa valeur le firent choisir par les Francs pour occuper le trône;

CLODION, DIT LE CHEVELU.

— *An 427* —

En quatre cent vingt sept, par droit d'élection
Et par droit de naissance, on nomma Clodion,
(De Pharamond le fils), le second Roi de France.
Il soutint contre Rome une noble défense
Et quoiqu'Aëtius fît pour sauver Tournay,
Après l'avoir surpris, avoir conquis Cambray,
De l'Artois et d'Amiens il sut se rendre maître,
Et maître de Soissons, de plus, il voulut être.
Alors son fils aîné qu'il avait dû charger
De commander tous ceux qui couraient l'assiéger,
Périt dans cette affaire. — On dit que Clodion

— *An 428* —

En mourut de douleur. — C'est la tradition.

---

ce peuple avait le droit de prendre pour chef celui des Princes de la
famille Royale qui lui paraissait le plus digne de commander. — D'après
l'Abbé Triphème (voir la note, page 26) Pharamond avait eu pour père
Marcomir, le dernier descendant d'un descendant des anciens Rois de Troie.

MÉROVÉE.

— An 448 —

Un fils de Clodion, le jeune Mérovée,
A Rome, bien en Cour, s'était étudié
A rendre Aëtius des Francs un allié.
Il avait réussi. Sa conduite privée,
Ses talents, sa prudence avaient dicté la paix.
Il eut bientôt le prix de ses premiers hauts faits.
Il reçut la couronne, et depuis, dans l'histoire,
Des Mérovingiens il fixa la mémoire.
  Pendant son règne il dut, avec Aëtius,
Repousser Attila. Sa brillante victoire
Fit son nom immortel. Il n'en fallait pas plus.

— An 451 —

Geneviève *) en ce temps, une jeune bergère,
D'une extrême vertu, que vit naître Nanterre,
Fit qu'Attila s'enfuit. — Paris reconnaissant
La nomma sa patronne et son soutien puissant.

(*) Geneviève avait prédit aux Parisiens, effrayés à l'approche d'Attila,
que Paris serait épargné et sa prédiction s'accomplit.

CHILDÉRIC.

— An 457 —

Les choses, sous ce règne à nos yeux sont plus sûres,
Childéric fut un Prince à grandes aventures.

A peine sur le trône (*), il se vit repoussé
Par les grands qui bientôt l'eurent tous pourchassé.
C'était l'homme, dit-on, de beauté sans égale,
Ayant courage, esprit, mais trop peu de morale.

Par sa galanterie, il déplut aux Seigneurs.
Sensibles à l'outrage et craignant ses faveurs,

Les femmes le trouvaient, pour elles, plein de charme.
Il n'en fallut pas plus pour répandre l'alarme.
Par les grands irrités, il se vit détrôné
Et le trône à tout (**) autre alors fut décerné.

Chez le Roi de Thuringe, il trouva sûr asile ;
Mais la sagesse là, lui fut très difficile.

(*) Childéric succéda à son père Mérovée.

(**) Le trône fut offert, non à un Franc ; mais à un Romain, à Aegidius, dit le comte Gilles, grand maître de la milice Romaine dans la

Il séduisit Basine, épouse de ce Roi
Et fut pour cet ami sans honneur et sans foi.

— An 465 —

Après huit ans d'absence, il put enfin reprendre
Ce trône dont le Roi n'aurait pas dû descendre.
Par un adroit ami Childéric prévenu
De son jour de retour, de tous deux seuls connu,
Rentra dans ses Etats. Une seule bataille
Ecrasa son rival, qui n'était pas de taille
A résister aux Francs devenus les amis
De leur Roi qu'ils avaient tous renié jadis.
Childéric reprit donc le trône de son père
Et calma, dès ce jour, les ardeurs de la guerre.

Gaule. — Aegidius accepta et maintint son autorité pendant huit ans ; mais la dureté de son gouvernement lui aliéna les esprits. Aussitôt que Childéric reparut, tous les Francs se rallièrent à lui et Aegidius fut forcé de se retirer à Soissons.

— *An 476* —

Sous ce règne tomba le colosse Romain,
Plus de douze cents ans jusqu'alors souverain.
Cet empire si grand, réduit à l'Italie,
A quelques points en Gaule avec la Dalmatie,
Ne pouvait plus encor résister bien longtemps
Aux efforts réunis des puissants conquérants.

Mais voyons Childéric remonté sur le trône
Et sachons, de ce Roi, dire ce qu'en vaut l'aune.
La Reine de Thuringe, une Hélène d'alors,
Délaissa son mari, pour suivre, sans remors,
Childéric, un Pâris heureux de sa tendresse.
Basine belle, aimante, au Roi fit cette adresse :
« Si je savais, dit-elle, un plus galant que vous,
« J'irais au bout du monde embrasser ses genoux. »
Childéric trop sensible à son esprit, ses charmes,
Aux pieds de cette Hélène en passa par les armes.
En vain, de l'hyménée, on réclama les droits,
En vain, de l'amitié, l'on fit valoir les lois,

Malgré le Ménélas, il épousa Basine,
De notre grand Clovis, telle fut l'origine.

— *An 481* —

Childéric (*) gouverna vingt-quatre à vingt-cinq ans,
Préparant à son fils (**) beau règne sur les Francs.

(*) Childéric mourut à Tournay, en 481.

(**) Clovis naquit en 465. Childéric eut aussi trois filles, du même mariage avec Basine. Childéric fut enterré à Tournay. En 1654, on trouva par hasard son tombeau qui renfermait diverses curiosités, (abeilles d'or, armes, tablettes, un globe de cristal, etc....), offertes à Louis XIV, et déposées encore au cabinet des médailles.

SITUATION DE LA GAULE

en 481 de notre ère.

Avant d'aller plus loin dans l'Histoire de France
De la Gaule il nous faut prendre un peu connaissance.

Les Celtes, les Gaulois, hommes des premiers temps,
De Gomer, (*) nous dit-on, glorieux descendants,
Peuples venus de loin, d'Orient dans la Gaule,
S'y fixèrent enfin, autant qu'est fixe un môle.
Ils y sont demeurés, aimant leur sol, leurs mœurs,
Ne cherchant plus jamais à se répandre ailleurs.
Admirant, des trois mers, les sublimes rivages,
Comme au sein de leurs champs, de séduisants ombrages,
Très vite et pour toujours, ils comprirent que rien
Plus que ce beau pays ne leur ferait de bien.

(*) Gomer, fils de Japhet, et petit-fils de Noé.

Le climat tempéré, les fleuves, les rivières,
Les fertiles vallons, les forêts séculaires
Tout semblait aux Gaulois, combler, là, leur désir
Et devoir sûrement fixer leur avenir.

Guerriers dès le début, forcés de se défendre,
Contre Rome, plus forte, habile à les surprendre,
Ils furent en tout temps hommes très valeureux ;

— *An 587 avant J.-C.* —

Leurs premiers généraux, d'une part Bellovèse,
Son frère, d'autre part le vaillant Sigovèse (*)

— *An 390* —

Et deux cents ans plus tard leur général Brennus (**)

— *An 122* —

Beaucoup plus tard encor, leur Roi Bituitus (***)

(*) Tous deux neveux d'Ambigat, Roi de Biturges (Bourges).

(**) Brennus prit Rome, en 390 avant J.-C., la livra aux flammes, au pillage.

(***) Bituitus, avec 200.000 hommes, sous ses ordres, en vain passa le Rhin pour venir attaquer les Romains à l'embouchure de l'Isère ; cette multitude d'hommes par le massacre qui en fut fait ne servit qu'à rehausser la gloire du Consul Fabius. Pendant la retraite, Bituitus invité à une conférence, fut enlevé par une insigne trahison et conduit à Rome, etc.

Et Vercingétorix (*), dont la gloire est immense,

— An 53 —

Malgré tous les malheurs de sa noble défense,
Ont prouvé, des Gaulois, la force et la valeur.

— An 50 —

Ils ne furent soumis que par César vainqueur.

———

— 50 ans avant J.-C. —

La Gaule, dès ce jour, vouée à l'esclavage,
Supporta cinq cents ans, ce bien cruel servage,
Mais enfin réunie à tous les peuples Francs,

— An 486 après J.-C. —

Elle accueillit, au mieux, ces nouveaux conquérants.

———

En Gaule l'on parlait la langue gaélique,
Celle des anciens Galls, ou bien langue celtique,
Qu'en la Basse (**) Bretagne on parle de nos jours
Et dans laquelle on fait encore maint discours.

———

(*) Vercingétorix, le héros Gaulois, ne put sauver son pays de la domination Romaine; mais il avait fait des prodiges de valeur et ne fut vaincu que par César, l'invincible César.

(**) Sous le nom d'idiome Bas-Breton ou Brezonek.

Pour la religion c'était le paganisme,
Alors, chez les Gaulois, appelé Druidisme.
Les Druides étaient prêtres législateurs
Et même, aux premiers temps, maîtres supérieurs.
Plus tard ils ont cédé la suprême puissance
Aux Brenns, ou chefs guerriers, ayant plus d'influence.
    Ils se réunissaient dans de sombres forêts
Pour leurs devoirs de prêtre et leurs cruels projets.
Ils immolaient souvent des victimes humaines.
Les landes de Bretagne encor sont toutes pleines
De Dolmen, de Menhir, qui furent les autels
Où le pur sang gaulois s'offrit aux immortels.
A leurs soins s'ajoutaient ceux de leurs druidesses (*),
Qui de même servaient tous leurs dieux et déesses.

(*) Les Druidesses formaient une société de femmes qui se vouaient à
la virginité. Elles se prétendaient fées et comme telles douées du talent
de deviner et prédire l'avenir. Ainsi l'ordre des druides tenait les deux
sexes sous son empire et les dominait par la religion. Il était en crédit
600 ans, environ avant J.-C.

Les Druides étaient, de plus, en ces vieux temps,
Bardes (*), physiciens, médecins et savants.
　Vers l'an trois cent cinquante, enfin le Druidisme
Se trouva supprimé par le Christianisme,
Qui vint sauver la Gaule et tant d'autres pays,
Ajoutant, à la Foi, tous les bienfaits bénis.

Asservis aux Romains, les peuples de la Gaule,
Pendant un temps trop long ne jouèrent nul rôle.
　Leur pays composé de dix-huit (**) portions,
Formait presque, à vrai dire, autant de Nations,
Mais toutes n'étant plus que Nation Romaine.
Un grand chef des Romains en était le Préfet.

(*) Les Bardes chantaient les hymnes divins et les exploits des Héros.
(**) Les portions ou provinces ainsi que leur métropole étaient :
6 Viennoises métropoles. Vienne, Arles, Narbonne, Aix, Embrun, Moutier.
3 Aquitaines　　　—　　Bourges, Bordeaux, Auch.
5 Lyonnoises　　　—　　Lyon, Nevers, Tours, Sens, Besançon.
2 Germaniques　　—　　Mayence, Cologne.
2 Belgiques　　　—　　Trèves, Reims.

Gouvernant chaque jour, dominant, en effet,
Finances, guerre, impôts, avec puissance pleine.
Il ordonnait de tout, dans Arles (*) résidait,
Et Dieu sait quels pouvoirs prenaient ces Préfectures.

    Chaque Province avait son propre gouverneur ;
Mais dépendant toujours du Préfet-Empereur.
La justice, placée entre mains aussi sûres,
Pouvait-elle aux vaincus, donner justes mesures ?
En sa Province un Duc, par l'Empereur nommé (**)
Aux troupes commandait, solidement armé.

(*) Après avoir d'abord résidé à Trèves.

(**) Cependant cette distinction n'emportait aucune idée de prééminence. Ceux qui tenaient ces grandes positions, jouissaient également d'une autorité presque absolue dans leur Province et faisaient porter les faisceaux devant eux. Il y avait aussi des Ducs dans les villes frontières et des Comtes dans les cités. Les premiers étaient des officiers de premier rang. Les seconds étaient comme conseillers des généraux d'armée et des gouvernements de Province. Les Ducs et les Comtes étaient des personnages les plus distingués. Au commencement ces dignités

La Gaule ne devait que désirer le terme
D'un pouvoir aussi dur, formidable et trop ferme,
Quant à leur liberté, compromise à jamais,
Pauvres serfs consternés, pouvaient-ils entreprendre
Quoi que ce fût alors, pour se la faire rendre ?

— An 481 —

Ils furent bien heureux de devenir Français.

---

n'étaient que pour un temps, elles furent ensuite données à vie ; enfin elles devinrent héréditaires dans les familles. Ainsi, il y avait un Duc gouverneur en Normandie, en Bretagne, etc.... On trouve encore au nombre des grands officiers de la Gaule, un maître de cavalerie, qui distribuait, aux Ducs et aux Comtes, les troupes qu'il recevait lui-même du grand maître de la milice.

Il y avait des arsenaux à Strasbourg, à Mâcon, où l'on fournissait les flèches et les traits, à Reims, où on faisait les épées, à Autun, où l'on fabriquait les cuirasses, à Amiens, Trèves et Soissons, d'où venaient les boucliers, les balistes et harnais. Ceci indique suffisamment l'armement de ce temps.

CLOVIS.

— An 481 —

Clovis, eut à quinze ans, un trône héréditaire,
Sur lequel il trouva grandes choses à faire.
Il sut montrer de suite une extrême vigueur,
D'un empire puissant, être le fondateur,
En triomphant enfin de la force Romaine,
Contre laquelle était très profonde sa haine.
A vingt ans il avait certes quelques talents.
Etait supérieur aux hommes de son temps.

— An 486 —

De suite il attaqua l'autorité suprême,
Le gouverneur Romain Syagrius (*) lui-même,
Qui retenait Soissons, sous ses lois et pouvoirs.
Il remplit d'un guerrier, tous les plus grands devoirs.
Syagrius vaincu fut mis en sa puissance
Et, de ce premier coup Clovis régnait en France.

(*) Syagrius, le fils de Comte Gilles, était gouverneur en Gaule pour les
Romains et commandait avec une autorité presque absolue.

Le vainqueur aurait pu, dans ce cas, dire aussi,
Comme le grand César : « Veni, Vidi, Vici. »
Syagrius battu, prit aussitôt la fuite.
    Sa défaite fut grande, étonnante et subite.
Le gouverneur Romain en ce temps succomba (*)
L'autorité de Rome, en même temps tomba.

    Tout l'Etat (**) de Soissons devint Franc territoire,
Ce qui fut pour le Prince, une grande victoire.
    Il sut en profiter, en habile vainqueur,
Aux Gaulois se montrer, comme un libérateur.
Il ménagea d'abord, le Clergé, les Eglises, (***)
Que l'on voyait déjà, dans les Cités conquises.

(*) Syagrius échappé, presque seul du combat se retira chez les Wisi-goths, dont le Roi Alaric fut contraint par Clovis à lui livrer le fugitif. Syagrius fut en effet remis à Clovis qui lui fit couper la tête.

(**) Ce petit Etat de Soissons comprenait plusieurs villes au cœur de la France, Reims, Sens, Troyes, Châlons, Auxerre et leur territoire.

(***) Le Clergé et les Eglises Catholiques.

Pour l'Eglise de Reims, il ne put empêcher
Qu'on y prît cependant au milieu du pillage,
Un vase de valeur qu'il voulut retrancher
Du butin qu'à Soissons on mettait en partage.

A Saint Rémi de Reims, le Prince avait promis
Que le vase serait entre ses mains remis.

A sa décision ne s'opposait personne.
Quand un : « Oui tu l'auras, si le sort te le donne ! »
Fut prononcé bien haut par quelqu'un des soldats,
Qui, du vase, voulant faire plusieurs éclats,
Le frappa de sa hache. — Alors Clovis, docile,
S'imposa sur lui-même, un retour fort habile.
Il ne se vengea pas. Le vase fut rendu,
A l'Eglise de Reims, comme il était redù.

Le Prince cependant attendait, en silence,
Que vint occasion propice à sa vengeance ;
Car il voulait punir le soldat si brutal,
Qui s'était mal conduit envers son général.

— An 487 —

Un an plus tard, enfin, chose très bien prévue,
Au Champ de Mars eut lieu l'annuelle revue,
Où les Francs s'assemblaient pour différents objets. *

   Là Clovis déclara, non sans amers regrets,
Que l'arme du soldat se trouvait mal en ordre.
Il la prit vivement et, pour un tel désordre,
La jeta sous les pieds. — Tandis que le soldat
Se baissait pour saisir son arme, en cet état,
Le Prince prit sa hache et lui fendit la tête,
« C'est ainsi, lui dit-il, que ta hache fut prête,
« Pour frapper devant moi, le vase de Soissons. »
Pour punir, fallait-il si barbares leçons !

(*) On faisait au Champ de Mars, les revues des troupes. On y délibérait de la guerre et de la paix. C'était là que se décidaient toutes les affaires importantes du gouvernement. Le Roi y présidait. Les décisions prises à la pluralité des voix devenaient lois d'Etat. C'était dans ces diètes que les Rois recevaient, tous les ans, le *don gratuit*, fait *par les grands du Royaume* à leur Souverain.

— *An 411* —

En l'an quatre cent onze, époque plus antique,
Les Burgundes du temps, un peuple Teutonique,
Avaient, en Gaule, pris, déjà possession
D'un vaste territoire, et fait la Nation
Dite des Bourguignons. — Clovis en homme sage,

— *An 492* —

Voulut se l'allier d'abord par mariage.
Ce projet cependant ne se présentait pas
Comme facile à suivre et sans grands embarras.
Il réussit pourtant. Clovis eut gain de cause ;
Mais un pareil succès était très rude chose.

— *An 192* —

Dans la Bourgogne alors Gondebaud gouvernait,
A Chilpéric aussi le trône appartenait.
Gondebaud qui voulait déposséder son frère,
Le fit assassiner, pour avoir part entière.
Il éleva pourtant, avec très grand succès,
La fille de son frère, en son propre palais.
Clotilde était le nom de cette beauté rare,
L'héroïne du temps, dont le sort nous prépare

Tous les événements, si grands à raconter,
Dont tous les cœurs Français aiment à se flatter.
 La réputation des vertus et des charmes
De Clotilde vouée aux plus chaudes alarmes,
Parvint jusqu'à Clovis. — Le Roi voulut savoir
De quelqu'un qui pourrait sûrement l'aller voir,
Si tout ce qu'on disait était chose réelle,
Tant cette renommée était grande, était belle.
Pour cette mission partit Aurélien,
Seigneur Gaulois ami, qui trouva le moyen
De bien voir la Princesse et de lui parler même,
Ce qui nécessitait une prudence extrême :
Car Gondebaud, son oncle, était là pour garder
Ce trésor précieux qu'il lui faudrait céder.
 Aurélien partit, sous l'habit favorable
D'un pauvre, mendiant un secours charitable.
Il fréquenta l'Eglise, en pieux très fervent
Surtout celle où Clotilde allait le plus souvent.
 Avec les indigents, il reçut son aumône,

Qu'elle ne pensait pas être digne d'un trône.

  Dieu l'en récompensa. L'habile Aurélien
A la Princesse alors, ne dissimula rien.
Il sut adroitement faire sa confidence
Et, se montrant prudent, mériter confiance.

  Il dit, du Roi des Francs, le désir, le projet
De demander sa main, enfin tout son secret,
Et de suite il offrit, comme le meilleur gage,
L'anneau d'or de son Roi, scellant le mariage.

  Clotilde prit l'anneau, consentit sans détour
Et fit qu'Aurélien accomplit son retour.

  Clovis apprit bientôt qu'en tout la renommée
N'avait rien dit de trop : et la Cour très charmée,
Confia *la demande* à ses ambassadeurs,
Ses principaux guerriers et ses plus grands seigneurs.

  Gondebaud qui craignait un Roi si redoutable,
Pour Clovis se montra de suite bien traitable.
De sa nièce, au plus vite il accorda la main,
Ne voulant point la guerre avec ce Souverain.

Clotilde, au nom du Roi, fut sur l'heure épousée
Et la promesse ainsi fut régularisée ;
Aurélien offrit à Clotilde un *sou* d'or,
Suivant l'usage Franc, plus un denier encor,
Usage conservé pendant longtemps en France,
Comme promesse sûre et sorte d'alliance.

———

Tout était prêt enfin, pour qu'eût lieu le départ.
Notre nouvelle Reine, en chemin sans retard,
Pour se rendre à Soissons voyageait en *Basterne*
Charriot à deux bœufs, qu'ignore l'art moderne.
Mais qui plus lent, plus doux, que la course à cheval,
Parut convenir mieux au cortège Royal.
Gondebaud comprenant qu'il donnait à sa nièce
Un vengeur contre lui, sentant sa maladresse,
Envoya des soldats pour vite ramener
Celle qu'avec regret il voyait emmener.
Une troupe ennemie est donc expédiée,
Pour ressaisir Clotilde, encor non mariée.

Mais la Princesse adroite, ayant su le projet,
Que son oncle contre elle, en ce moment formait,
S'empressa de quitter sa trop lente voiture
Et sur un bon cheval, de très rapide allure,
Courut, en hâte atteindre aux domaines des Francs,
Où Clovis l'attendait déjà depuis longtemps.
    Ainsi fut sans effet la coupable poursuite.

———

Le mariage eut lieu, fut célébré de suite.
Aux acclamations des Francs et des Gaulois
Heureux de voir leur roi sous de chrétiennes (*) lois.

———

Cette Princesse prit aussitôt grand empire
Sur l'esprit de Clovis. — Elle sut lui décrire.
Du culte des chrétiens, les immortels bienfaits.

———

(*) Clotilde avait été élevée dans la religion chrétienne. Chacun sentait que le jeune vainqueur avait besoin d'être adouci par les sentiments d'une religion qui ordonne l'humanité.

Sur ce point elle vit ses désirs satisfaits.
Clovis put consentir à ce que le baptême
Fùt à son premier fils, ainsi qu'au second même (*)
Administré, d'accord avec son consentement.
Bientôt il compléta ce grand événement.

Les Allemands déjà, nation belliqueuse,
Dans la Gaule s'étaient en foule, très nombreuse,
Jetés pour y former un peuple organisé,
Projet qu'autres avaient très bien réalisé.
Clovis fut prévenu de cette irruption,
A laquelle il devait faire opposition.

(*) Ingomer son premier fils reçut le baptême du consentement du Roi, son père. La mort de cet enfant n'empêcha pas Clovis de consentir au baptême de son second fils Clodomir. Celui-ci fut attaqué d'une violente maladie, dont il fut guéri par une faveur du Ciel due aux prières de la pieuse Reine sa mère. Cette faveur fut suivie bientôt d'une autre plus grande encore : celle de la conversion de Clovis.

— *An 496* —

Vers eux de suite il vole, à Tolbiac les rencontre,
Leur livre une bataille, où très brave il se montre ;
Mais malgré ses efforts, l'armée allait plier,
Lorsque le Roi Clovis résolut de prier
Le Ciel d'avoir, de lui, bienveillante mémoire.
Il dit : « Dieu de Clotilde, en ce jour je fais vœu
« D'accepter le baptême et de n'avoir pour Dieu
« Que vous seul désormais, si me donnez victoire. »
Bientôt l'ordre renaît parmi tous ses soldats.
Il reprend l'offensive, en de brillants combats,
Enfonce l'ennemi, qu'il met alors en fuite.
Clovis victorieux se lance à sa poursuite,
Entre dans l'Allemagne, impose là sa loi
Et rend ce peuple entier tributaire du Roi.

Fidèle à sa promesse, il reçut le baptême,
A lui donné, dans Reims, par Saint Rémi lui-même.
Albostède sa sœur et trois mille Français
Furent tous faits Chrétiens alors de suite après.
Dès ce jour, piété, dans le monde inconnue,

Fit que la France fut partout la bienvenue.

———

La gloire de Clovis faisait peur aux Romains,
Ils ne tardèrent pas à mettre entre ses mains
Les places que l'Empire avait en sa puissance.
Vers la mer, près du Rhin, au Nord-Est de la France.
Les Romains firent donc capitulation.
Un traité s'ensuivit qui fut convention

— *An 496* —

Formelle, irrévocable au nom de Ripuaire.
Cette loi renommée et même la première
Entre Rome et la France, admettait en ces temps,
Peuples des bords du Rhin, égaux en tout aux Francs.

———

Clovis voulut aussi de même en l'Armorique
S'annexer ce pays, Province sympathique,
Qu'il lui fallait unir aux domaines acquis.
D'abord il crut devoir conquérir le pays ;
Mais, après vains efforts et luttes inutiles,
Il vit que les traités lui seraient plus faciles.

Par accommodement, il réussit très bien.
Les Bretons, sans délai, sans s'opposer à rien,
Remirent tous leurs forts et firent alliance.

— *An 501* —

La Bretagne devint portion de la France.
Elle eut, non plus un Roi, mais un Duc, ou Seigneur,
Relevant, depuis lors, du Monarque vainqueur.

———————

Très peu de temps après ces annexions faites,
L'habile Roi Clovis fit, sur ces entrefaites,
Un traité fort adroit, traité de Conquérant,

— *An 503* —

Avec le puissant Roi Gondebaud son parent.
Entre eux deux, une paix se fit avantageuse,
Pour les deux, pour Clotilde, encore même heureuse.
Clovis voulait alors s'assurer des amis,
Capables de l'aider contre ses ennemis,
Contre les Visigoths, dont les progrès extrêmes
Lui donnaient chaque jour mille craintes suprêmes.
Un allié, parent, accroissant son pouvoir,
Près de lui ne pouvait que se faire bien voir,

— *An 507* —

Voulant, des Visigoths, abattre la puissance,
Clovis, au Champ de Mars, crut devoir à la France
De demander avis. — De suite les soldats
Qui tous contre Alaric (*) ne voulaient que combats,
Crièrent, pour serment : « Barbe ne sera faite
« Qu'après notre victoire et la prompte défaite
« Des troupes d'Alaric. » Un semblable serment
Retentit dans la Gaule en ce même moment.

— *An 507* —

Vouillé, près de Poitiers, fut le champ de bataille,
Où chacun, en frappant et d'estoc et de taille,
Des deux parts fut rempli de courage et d'ardeur,
S'efforçant, à l'envi, d'être triomphateur.
Les deux Rois, se bravant du plus loin qu'ils se virent,
Acharnés tous les deux, promptement se joignirent.
Clovis robuste, adroit, plus fort que son rival,
Jeta vite Alaric, en bas de son cheval,

(*) Alaric II Roi des Visigoths, fils d'Euric, régnait sur l'Espagne (de 484 à 507) et sur la partie de la Gaule comprise entre le Rhône et les Pyrénées.

— *An 507* —

Et lui porta le coup, qui termina sa vie.
Rien ne résista plus. La guerre ainsi finie
Rendit Clovis vainqueur, maître jusqu'à la mer,
Des vastes régions joignant les Pyrénées,
Des Provinces du Sud, en France ainsi bornées,
Triomphe dont le Roi dut se sentir bien fier.

———

L'Empereur Anastase (*), incomparable chose !

— *An 508* —

Fit porter (**) à Clovis, en embrassant sa cause,
Les titres de Consul, d'Auguste, et même encor,
De ces deux dignités, les ornements en or.
Le Prince accepta tout et fit au Pape hommage
De la tiare (***) envoyée, un très précieux gage,
Qui devait pour longtemps les unir tous les trois,
Comme grands Souverains, justes amis et Rois.

———

(*) L'Empereur d'Orient siégeant à Constantinople.
(**) Fit porter à Clovis par ses ambassadeurs.
(***) La tiare, triple couronne, la première qu'aient eue les Souverains
Pontifes.

Clovis se revêtit, comme il était bien juste,
De tous ses ornements de Consul et d'Auguste,
Dans l'Eglise de Tours, dite de Saint-Martin
Et mit son beau diadème, emblême souverain.
Puis il accompagna cette cérémonie,
D'une largesse au peuple avec soin départie.
 Le beau titre d'Auguste, à tous si précieux,
Demeura pour le Roi, titre très glorieux.

———

 Clovis partout vainqueur, chéri de la victoire,
Après avoir conquis tant d'honneurs, tant de gloire,
Vint enfin à Paris, se fixer à jamais
Et d'Empereurs Romains (*) habiter le palais.

———

 Du Royaume Français Paris fut Capitale.
Toute l'autorité devint impériale.
La France était alors fondée et pour toujours.

(*) Le palais des Empereurs Julien et Valentinien premier, dit aujourd'hui palais des Thermes (Cluny).

Sa gloire surpassait celle des plus beaux jours.
A tout ce qu'elle fut, s'ajoutait l'Aquitaine,
La Bretagne, Verdun, le Maine, la Lorraine,
La Saintonge, Bordeaux, la Touraine, l'Anjou,
Le pays de Toulouse et celui du Poitou.
La France dès ce temps, était certes très belle.
Clovis avait acquis une gloire immortelle.
Il pouvait être en paix, sans appréhension,
Venant d'élever haut, très haut la nation.

———

Que ne sut-il borner ses succès et ses guerres !
Mais il fallait tenter des combats moins prospères.
Le Roi des Visigoths, le grand Théodoric,
Etait Roi d'Italie et vengeur d'Alaric,
Dont il voulut bien vite embrasser la défense.
Il traversa les monts pour combattre la France.

— *An 509* —

Près d'Arles, les Français, moins heureux cette fois,
Perdirent la bataille et subirent des lois,
Qui leur firent céder, des Alpes jusqu'au Rhône,

Toute possession comprise en cette zône.

Cette défaite grave aigrit le Roi Clovis ;
Dans Arles commandait Thierri son propre fils.
A la fin de sa vie, il devint sanguinaire,
Se laissa subjuguer dans bien plus d'une affaire,
Par l'unique désir de faire assassiner

— *An 50* —

Ceux d'entre ses parents, qui pouvaient dominer (*)
Il causa trop souvent terreur bien légitime.

(*) On ne se rappelle qu'avec horreur les cruautés qu'il exerça contre les Princes de son sang, dont il envahit les Etats. Sigebert roi de Cologne et son fils Clodoric qu'il fit périr par ses intrigues ; Cararic Roi des Morins et son fils d'abord rasés, ensuite massacrés par ses ordres ; Ragnachaire Roi de Cambray et son fils Riquier qu'il tua de sa propre main ; Renomer Roi du Mans et son frère, assassinés par des gens qu'il avait subornés, sont autant d'actions également cruelles et injustes, qui flétrissent sa mémoire et sa réputation.

Pour effacer sa honte et regagner l'estime,
Eglises et couvents furent fondés par lui,
Sans doute pour avoir au Ciel puissant appui.

— An 511 —

Un Concile se tint à la fin de son règne,
Dernier événement que toute histoire enseigne.

— An 511 —

Il mourut à Paris à quarante-cinq ans [*]
Laissant, pour gouverner, quatre Rois ses enfants :
Thierri, puis Clodomir, Childebert et Clotaire,
Auxquels il partagea ses Etats en bon père.
Thierri fut Roi de Metz, Clodomir d'Orléans,
Childebert, de Paris, fut nommé Roi de France,
Et Clotaire, à Soissons, tous faisant alliance.

Tout le monde convient que malgré ses défauts,
Clovis glorieux Roi, fut certes un Héros.
Il fit, de notre France, un Etat formidable,
Aucun autour de lui, n'était plus redoutable.

(*) Il fut enterré dans l'Eglise de Saint-Pierre et Saint-Paul qu'il avait fait bâtir à la prière de Ste-Geneviève, église qui, depuis, en porta le nom; aujourd'hui St-Etienne-du-Mont, où sont exposées les reliques de cette Sainte.

Il régularisa tous ces pays conquis
Et les peuples Gaulois purent louer Clovis.
Au lieu de l'avarice et de la tyrannie,
Qui chez les Chefs Romains, était chose infinie,
De leurs anciens impôts les Gaulois exemptés
Conservèrent leurs lois, eurent leurs libertés,
Et purent en laissant la loi Romaine antique
Se déclarer Français, vivre sous loi Salique.
Ils furent désormais tous jugés par leurs pairs ;
Clovis avait enfin vraiment brisé leurs fers.

CHILDEBERT (*)

— Ans 511 à 523 —

Childebert à Paris, devenu Roi de France,
Avait treize ans au plus. — Mais la forte alliance,
Entre les quatre Rois, fit naître en ce pays,
Quelque temps de repos, calma ses ennemis.
Comme les quatre Etats formaient un ferme ensemble,
Ne suivant qu'une loi, et que d'ailleurs il semble,
Qu'entre tous leurs seigneurs l'accord était parfait,
Ceux-ci vaillants guerriers, gouvernèrent en fait.
Ils firent un Conseil, prudent, habile et sage,
Jugeant tout en commun, sachant par son courage,
Repousser, au besoin, toute tentation
D'envahir, sur un point, la grande nation.

(*) L'usage a prévalu de ne mettre au nombre des Rois de France
que ceux qui ont régné à Paris.

Thierri, le plus âgé (*) gouverna l'Austrasie,
Terre entre Meuse et Rhin jusques en Westphalie,
Et les trois autres Rois, unis alors entre eux,
Formant, avec Clotilde, un assemblage heureux,
Restèrent en Neustrie, entre mer, Meuse et Loire,
Où l'on voyait partout, des Francs, briller la gloire.

L'Aquitaine n'était pas encore un pays
Au domaine des Francs complètement soumis.
Elle demeura donc portion indivise,
Jusqu'à ce qu'elle fût plus sûrement conquise.
Les Visigoths, pourtant, cessèrent tous combats
Et, contre eux, les Français n'eurent aucuns débats.
La France put alors respirer plus tranquille
Et son gouvernement devint moins difficile.

———

(*) Il avait 28 ans, à la mort de Clovis.
Clodomir en avait 15 et Clotaire 12 seulement.

— An 523 —

Après douze ans de paix, vers l'an cinq cent vingt-trois
Les Princes de Neustrie, alors trois vaillants Rois,
Déclarèrent la guerre au Roi de la Bourgogne,
Du nom de Sigismond, qui, sans nulle vergogne,
Retenait tout le bien qu'à Clotilde il devait.
Ils mirent en déroute, avec succès complet,
Les soldats Bourguignons, prirent le Roi, la Reine,
Les Princes, leurs enfants, et par surcroît de haine,
En un puits, la famille entassée, à l'instant,
Périt. — Vengeance atroce et commune pourtant !

— An 524 —

Mais bientôt Gondemar succédant à son frère,
Comme Roi de Bourgogne, aux Français fit la guerre.
Il les repoussa tous et vainquit Clodomir,
Que, près de Véseronce (*), il fit même mourir.

— An 533 —

Les trois Rois Francs unis, neuf ans après, conquirent
La Bourgogne en entier, qu'entre eux ils répartirent.

(*) Véseronce, ville du département de l'Isère, peu distante de Vienne.

A dater de ce jour, ce Royaume (*) devint
Uniquement Français, et tel on le maintint.
Le Dauphiné, la Suisse et même la Provence,
Avecque la Bourgogne, accrurent notre France.

— An 533 —

Après cette conquête, on aurait dû choisir
Une part à donner aux fils de Clodomir,
Princes dont les efforts, avaient, pour tous ses frères,
Préparé des succès si brillants, si prospères ;
Mais ces Rois non contents d'en priver trois neveux,
Voulurent leur ravir, en oncles envieux,
Barbares et cruels, le trop juste héritage,
Qui, du Roi Clodomir, leur venait en partage.

— An 533 —

Ces trois princes enfants : Gontaire, Théobald,
Ayant dix ans au plus, et l'autre Clodoald,

(*) Il y avait cent vingt ans que ce Royaume était fondé. Gondemar
fut fait prisonnier et enfermé dans une tour, où il mourut en 541 ; on
ne sait de quel genre de mort.

Le plus jeune d'entre eux, pour leur pieuse aïeule,
Objet de tendres soins, qu'avait Clotilde seule,
A l'excellente mère, un jour furent ravis,
Par de bien autres soins, ceux de leurs ennemis.

Maîtres des trois neveux, Childebert et Clotaire
Firent trancher leur sort, par la Reine, leur mère,
A laquelle on remit un glaive et des ciseaux.
Cet emblème cruel voulait dire, en deux mots :
« Choisissez pour vos fils, *la mort ou bien le cloître* »
(Couper tous les cheveux, les empêcher de croître,
Signifiait vouloir l'état religieux.

Clotilde, comprenant cet emblème hideux,
En larmes, répondit : « *La mort plutôt qu'un cloître.* »
Ces seuls mots entendus furent pour les deux Rois,
Le signal de frapper leurs neveux tous les trois.
Clotaire le premier s'empare de Gontaire,
Le poignarde à l'instant, le renversant à terre.
Théobald effrayé s'empresse de courir
Aux pieds de Childebert, qu'il parvient à fléchir.

Il demande la vie, et Childebert, en larmes,
Ne peut contre un enfant se servir de ses armes.
 Clotaire lui reproche, alors avec fureur,
De se laisser aller aux élans de son cœur
Et saisissant le Prince, il l'égorge lui-même.
 Clodoald échappant à ce péril extrême,
Par bonheur, se sauva, se fit religieux,
Obtenant qu'au plus vite on coupât ses cheveux.
 Il eut près de Paris, entrée au Monastère ;
Sous le nom de Saint Cloud, l'invoque la prière.

———

Thierri n'eut point de part à ces assassinats ;
On lui donna l'Anjou, pour clore tous débats.

———

Clotilde, secondant le Roi de l'Austrasie,
Ce dernier, maître alors, d'une armée aguerrie
Dans la Thuringe (*) mit la désolation,

———

* Le Royaume de Thuringe, dont la France venait de s'accroître, existait depuis 426, et s'étendait à l'Est de l'Austrasie ; ville principale Erfurt.

En prit la Capitale et par cette action,
Tout ce Royaume fut soumis à sa puissance.
  Le Roi de la Thuringe (* admis par déférence,
A la Cour du Monarque, à Tolbiac vint le voir
Sur parole du Roi. Nul abus de pouvoir
N'était à redouter. Un jour qu'en promenade,
Sur les murs de la ville et sans humeur maussade
Il marchait à côté de Thierri son vainqueur,
Un des grands de la Cour, le pousse avec vigueur

— *An 530* —

Dans le fossé profond, où bientôt il expire.
La parole d'un Roi pouvait-elle être pire !

  Du reste, dans ce temps barbare et très ancien,
Pièges, assassinats, querelles et butin
Se présentaient partout, comme première phase,
En chaque événement, il n'était d'autre base.

(*) Nommé Hermanfroi, le dernier des trois fils du Roi Basin, qui avait reçu Childéric à sa Cour en 458.

Clotaire chez Tierri faillit être immolé
Par son frère lui-même, un jour de démêlé.
Il venait de se rendre au désir de son frère,
Qui voulait, *en secret*, lui parler d'une affaire ;
Dès qu'il entre à sa Cour, il voit distinctement
Plusieurs pieds de soldats cachés adroitement,
Derrière une tenture, une tapisserie,
Sur le mur ajustée avec coquetterie,
Mais ne couvrant pas tout assez complètement.
Clotaire, déjouant une telle conduite,
Signale, d'un clin d'œil, aux seigneurs de sa suite
De s'approcher de lui pour ne plus le quitter.
Entouré de ses gens, le Roi sans hésiter,
Se présente à Thierri qui, changeant de tactique,
Reçoit très bien son frère. En rusé politique,
Il le comble de soins, lui fait même présent
D'un très riche *bassin*, don le plus séduisant.
Voilà qui peint l'état des mœurs des Rois de France.
Entre eux tous, telle était leur pleine confiance.

Au milieu de ces faits, Childebert, à Paris,
Vengeant sa sœur Clotilde, avait combattu, pris,
Fait mourir son époux, Roi Visigoth d'Espagne,
Amalaric*. — Ce Roi maltraitait sa compagne.
Clotilde était Chrétienne, Amalaric voulait
L'Arianisme admis, chez lui, comme parfait.

Childebert prit alors la ville de Narbonne ;
S'empara d'un butin, acquis à sa couronne,
Savoir : Soixante-douze immortels vases d'or,
Que l'on disait venus du temple et du trésor
Du grand Roi Salomon. — Mais pendant cette guerre,
La nouvelle arriva, trompeuse messagère,
Dénonçant que Thierri venait d'être tué.

Childebert, par ce bruit, fortement remué
En Auvergne aussitôt courut pour le surprendre
Et trouva ce pays très heureux de se rendre,
Soumission pourtant conclue imprudemment.

---

* Fils d'Alaric II.

L'Auvergne, jusqu'alors, était de l'Austrasie.
Dès que le Roi Thierri sait l'Auvergne saisie,
Transporté de colère, il accourt promptement
Reprend, armes en mains, et presque en un moment,
Clermont, plusieurs châteaux, (*) un fort dit imprenable,
Fait périr Mundéric, chef le plus redoutable
Du parti révolté contre ses justes droits.

    Dans l'Auvergne, en un mot, il laisse en mille endroits,
Des marques de fureur, de vengeance implacable
    De bons parents amis, tels sont les beaux exploits !

— An 534 —

Ces expéditions, cruelles, sanguinaires,
Un raccommodement entre les trois Rois frères,
Sont les seuls derniers faits que l'on ait à citer
Du règne de Thierri qu'on ne put regretter.

— An 534 —

Thierri mourut méchant, implacable Monarque,
Et de l'honneur, en lui, rien ne donna la marque.

(*) Les Châteaux de Vollorre et de Tiern, et le fort d'Oliergue qui passait pour une place imprenable.

Théodebert son fils et son seul héritier
Se trouvait en Auvergne, à la mort de son père.
Esclave d'une belle · , il semblait oublier
Qu'en ce grave moment Childebert et Clotaire
Déjà se préparaient à partager tous deux
Son héritage entier, pour lui si précieux.

Il s'arrache, à la fin, des bras de sa maîtresse,
Arrive à Metz, se montre et bien à point se presse
De rompre les projets de ses deux oncles Rois.
Il sut, par là, sauver ses Etats et ses droits.
Mais il répudia sa femme Wisigarde
Et ternit, au début, un règne dont on garde
Quelques bons souvenirs. Il n'est pas excusé
D'avoir quitté sa femme, et d'avoir épousé
La belle Deuterie, à qui, par mariage,
Il restait un époux flétri par cet outrage.

(*) La célèbre Deuterie, dame de Cabrière.

— An 537 —

Pendant ce règne s'ouvre, au Royaume des Francs,
Une carrière neuve et pleine d'incidents.

— An 538 —

D'abord le Roi Clotaire épouse Radegonde (*)
Princesse de Thuringe, à nulle autre seconde.
Il permit à la Reine, après six ans, dit-on,
D'être religieuse, au couvent de Noyon.
Elle fixa depuis, à Poitiers, sa demeure,
Y fit une abbaye, en fut supérieure ;
Enfin on la nomma Sainte en Religion.

— An 540 —

Le Roi Théodebert (**) a guerre en Italie
Et puis, contre Clotaire, à Childebert s'allie.

(*) Fille de Bertaire, Roi de Thuringe, née en 519, mourut en 587 et fut canonisée depuis.

(**) Le Roi Théodebert mourut, en 548, de la chute d'un arbre qui le blessa mortellement.

— An 545 —

La pieuse Clotilde [*] à Tours vient de mourir.

— An 549 —

Les guerres avec Rome, en ce temps vont finir.

— An 555 —

Après Théodebert, on voit son fils unique [**]
Mourir, ayant régné, sans nul fait héroïque,
N'ayant point eu d'enfants et n'ayant que deux sœurs [***]
Laissant, par conséquent, l'État sans successeurs.

D'après la loi des Francs, Childebert et Clotaire
Héritaient, en commun de l'Austrasie entière.

Childebert très malade en ce temps ne pouvait
Soutenir tous ses droits à la part qu'il avait.
Clotaire profita de cette maladie
Pour gagner les Seigneurs de toute l'Austrasie

(*) On transporta son corps, de Tours à Paris, où il fut enterré à côté de Clovis, dans l'église de St-Pierre et de St-Paul, aujourd'hui Sainte Geneviève. Elle a été mise au nombre des Saints.

(**) Théodebalde fils de Théodebert, Prince de peu de santé, ne régna que six ans.

(***) Wisigarde et Ragnitrude.

Et força Childebert à faire cession
A lui, de tous ses droits sur la succession.
  Childebert se vengea, dans cette triste affaire
En faisant révolter Chramne, fils de Clotaire,
Contre son Souverain, son père qui l'aimait,
Qui même pour ce fils, grande tendresse avait.
Clotaire fut forcé d'envoyer une armée
Pour réduire à néant cette ligue formée.
  Deux de ses fils marchaient contre le révolté.

— *An 558* —

Quand Childebert mourut, Chramne mis de côté,
Manquant de tout appui, ne pouvant se défendre,
Implora son pardon, n'ayant plus qu'à se rendre.
Le Roi son père, ému cette fois pardonna.
Ce trop long désaccord ainsi se termina.

———

— *An 558* —

  La mort de Childebert, vivement regrettée,
Eut dans tout le Royaume, une grande portée.
Le peuple regrettait un juste souverain,
Gouvernant ses Etats en homme sage, humain.

Il fit décidément renverser les idoles,
Débarrasser l'Etat de leurs pratiques folles.
   Sa piété fonda de nombreux monuments
Témoignant, en tous points, de ses bons sentiments.
   Des Conciles tenus, par ses ordres en France,
Adoucissant les mœurs, firent un bien immense.
   A Saint-Germain des Prés, ce Roi fut enterré.

— An 558 —

   Le pouvoir, à Clotaire, alors (*), fut déféré.

———

(*) Childebert ne laissait que deux filles, Crotberge, et Clodosinde, qui, d'après la loi ne pouvaient avoir la couronne.

CLOTAIRE, seul.

— *An 558* —

Allons, en ce moment, au village de Braine,
Sis auprès de Soissons et dont on parle à peine.
Là nous allons trouver un très vaste manoir,
Où notre Roi Clotaire, à nous se fera voir
Tel qu'étaient tous nos Rois, dans une immense ferme,
(Car c'est bien plutôt là le véritable terme).
Où les Rois Francs tenaient leur Cour, en préférant
Aux plus belles cités, ce séjour rassurant.
La demeure du Roi, sans l'aspect militaire
Ni celui d'un château de cette ère guerrière,
Etait le gai, le beau, le grand corps de logis
Autour duquel, épars, se trouvaient établis
D'abord les logements des officiers du Prince,
De ses plus hauts seigneurs et grands de la Province,
Barbares ou Romains, et ceux des chefs, guerriers,

Commandant des soldats de groupes singuliers,
De la Truste (*) du Roi. — Puis venaient les demeures,
En grandeur, en beauté, toujours supérieures,
Qu'occupaient tous les gens exerçant des métiers,
Corroyeurs, tisserands, ouvriers en soiries,
Artisans s'occupant d'armes, de broderies,
Familles en entier, travaillant constamment
A des métiers divers, connus en ce moment.

    C'était comme un village, où l'on voyait ensemble
Des Gaulois, des Germains, au même rang, ce semble,
Quel que fût leur travail, et nommés *fiscalins*,
Gens au fisc attachés, dans leur métier très fins.

    Un grand nombre d'entre eux avaient reçu naissance
Sur cette part du sol, que chaque Roi de France
Avait prise pour lui, portion de vainqueur,
De conquérant, ainsi devenu possesseur.
Des Germains s'y trouvaient, comme d'autres barbares,
Dont les pères venus, dans la Gaule, en cas rares,

(*) La Truste, c'est-à-dire sous un engagement spécial de vasselage et
de fidélité.

Comme gens de service auprès des conquérants,
S'étaient ainsi fixés, en Gaule, aux derniers temps.
  Plus loin on remarquait haras et bergeries,
Granges, hangars divers, étables, écuries,
  Les cabanes des *serfs* du domaine Royal,
Ainsi que les abris, construits, en général,
Pour les cultivateurs, leurs outils, leur famille,
Donnaient à ce village une forme gentille.

  Braine était le séjour que Clotaire adorait,
Celui, que Roi de France, encore il préférait.
C'était là qu'il faisait garder en sa cachette
Au fond d'un lieu très sûr, sa fortune complète.
Les grands coffres du Roi contenant tout objet
En or, vases, bijoux, mis en ce lieu secret,
Avaient triple serrure. En sa ferme de Braine,
Dans son appartement, centre de son domaine,
Du grand pouvoir Royal, Clotaire accomplissait
Les actes principaux. Il y réunissait

Les Evêques Gaulois, convoqués en synode
Et même il y trouvait appartement commode
Pour y former toujours toute réunion,
A laquelle assistait la grande nation.

A Braine, il présidait ces grandes assemblées,
Que suivaient, en tout temps, aux ères reculées,
Des festins, où des daims, même des sangliers,
A table étaient servis, embrochés tout entiers,
Où dans les quatre coins de cette même salle,
Des tonneaux défoncés, source très spéciale,
Supportaient les assauts des seigneurs altérés.

A Braine il recevait toutes les ambassades,
Celles des grands États et celles des peuplades.

Lorsque Clotaire était quelque temps en repos,
Ayant, d'un souverain, accompli les travaux,
De Braine, il s'en allait aux forêts des Ardennes,
Habiter Attigny *) l'un de ses beaux domaines.

(*) Attigny près de Vouziers (Ardennes), une des résidences des Mérovingiens de Neustrie. Il s'y tint plusieurs conciles.

Ensuite il visitait Compiègne (*) et puis après,
Verberie, (**) autre ferme également tout près.
Sur ces points il trouvait des provisions faites
Et pouvait quelque temps s'y livrer à des fêtes.

 Avec ses Leudes (***) Francs il prenait ses ébats.
Voulant se reposer des luttes et combats.
Il s'exerçait beaucoup à la pêche, à la chasse
A la natation et toujours plein d'audace.

 S'il rencontrait parfois filles de fiscalins
Lui paraissant avoir tous charmes féminins,
Sans gêne il les prenait pour femmes, Reines même
Et prouvait en cela, sa barbarie extrême.

(*) Compiègne (Oise)

(**) Verberie, bourg de l'Oise, près Senlis. Les Rois de Neustrie avaient un célèbre palais, où il s'est tenu Conciles.

(***) Leudes, c'est-à-dire compagnons fidèles, ceux que le Roi avait attachés à sa personne par des présents d'armes, de chevaux, de terres ou fiefs. Ils avaient le privilège de s'asseoir à la table Royale.

C'est ainsi qu'il choisit pour l'épouser bientôt
Ingonde, jeune fille, à laquelle aussitôt
Il donna, sur lui-même un très cordial empire :
Mais sans abandonner tous ses déréglements,
Pour lesquels il avait mille ménagements.
Comme femme et servante elle sut y souscrire
Et fut soumise au point que nous allons décrire.
Un jour elle lui dit : « Mon Seigneur et mon Roi
« A fait beaucoup de bien à sa servante, à moi,
« Il comblerait mes vœux en suivant ma requête :
« Aregonde, ma sœur, à vos ordres est prête,
« Daignez lui procurer un mari très vaillant,
« Pouvant vivre sans être un homme travaillant,
« Afin de m'éviter d'être d'elle inquiète. »
Une telle demande, au Roi, parut avoir
Besoin de quelques soins. Il voulut aller voir
Aregonde, au plus vite, en son humble demeure.
Elle exerçait alors, justement à cette heure
Quelqu'un de ces métiers, aux femmes dévolus,

Tissage, ou bien teinture, en ce temps très connus.

     Clotaire ayant jugé qu'elle était aussi belle
Que sa très chère sœur, et lui serait fidèle,
La prit auprès de lui, l'installa promptement
En la chambre Royale, en son appartement.
Il lui donna de suite à sa grande surprise,
Le plein titre d'épouse, en tout point à sa guise.

     Au bout de quelques jours, près d'Ingonde il revint
Et lui dit, de ce ton sournois, qui bien le peint :
« La faveur que, de moi, tu désirais, en grâce,
« Il faut que, dès ce jour, au mieux j'y satisfasse.
« J'ai cherché pour ta sœur, homme riche et, ma foi,
« Sage, mais sans trouver un homme mieux que moi.
« Apprends donc que j'ai fait, d'elle ma chère épouse,
« Ce dont, je pense bien, tu ne seras jalouse. »
     Ingonde répondit, sans hésitation,
Prouvant, en cet instant, son abnégation :
« Que mon Seigneur agisse, en tout, comme il désire
« Pourvu qu'à sa servante, en rien il ne retire

« Les faveurs de son Roi, qui font tout son bonheur. »
Ingonde ainsi parla, soumise à son seigneur (*)

—————

— An 561 —

Mais suivons maintenant le retour des misères,
Qui firent, à ce Roi, tant de douleurs amères.
  Chramne se révolta pour la seconde fois,
Contre le Roi son père, au mépris de ses lois.
  Ce père infortuné fut forcé de combattre
Son fils bien soutenu, des Bretons, pour le battre.
  Ils furent tous vaincus. Chramne fut étranglé
Puis, avec tous les siens, il fut même brûlé.
Le chef Breton périt. La vengeance était faite.

—————

(*) Clotaire eut en même temps trois femmes, dont les deux sœurs Ingonde et Aregonde. Il ne se fit aucun scrupule d'épouser Walgrade, veuve de son petit-neveu Theobalde. Les noms de ses autres femmes sont Chonsine, Radegonde et Gondiucque sa belle-sœur. Ces mauvais exemples, imités par les particuliers, amenèrent la décision du second Concile d'Orléans, qui défent d'épouser sa belle-sœur et la femme de son père.

Clotaire retrouvant sécurité parfaite,
A Braine retourna, fit ses préparatifs,
Pour ses chasses d'automne, exercices actifs,
Qui faisaient, chez les Francs, une fête complète.

— *An 561* —

Là Clotaire suivi d'hommes, de chiens, chevaux,
A la forêt de Cuise (*), en homme très dispos,
Se rendit pour chasser sans compter (**) avec l'âge ;
   Il fut pris de la fièvre, en ce remue-ménage
Et se voyant malade, il se fit transporter
A Compiègne, où bientôt il cessa d'exister,
Ne laissant nuls regrets, très craint de tout le monde,
Inspirant, à chacun, répulsion profonde.

———

Il laissa quatre fils (***) qui jusques à Soissons (****)

———

(*) La forêt de Cuise près de Compiègne.
(**) Clotaire avait 64 ans et son règne fut de 51 ans.
(***) Caribert, Gontran, Sigisbert, Chilpéric.
(****) Il fut enterré à Soissons, dans l'Eglise de Saint-Médard qu'il avait commencée et qui fut achevée par Sigisbert son fils.

Suivirent son convoi, sans interruptions.

Mais à peine la fin en était-elle admise,

Que Chilpéric, l'un d'eux, en sortant de l'Eglise,

Courut en toute hâte à Braine pour forcer

Le gardien du domaine, à vite lui laisser

Les clefs des grands trésors. Maître de ces richesses,

Que son père avait su, par toutes ses finesses,

Accumuler en grand, il commença d'abord,

Par des dons aux guerriers, et sa mise d'accord

Avec les autres chefs. — Eux vite lui jurèrent

Fidélité complète, et Roi le saluèrent,

Promettant de le suivre, où Chilpéric voudrait,

Même jusqu'à Paris, s'il les y conduisait.

Vers Paris aussitôt, ils suivirent la route ;

C'étaient là leurs désirs, tous leurs souhaits sans doute,

Ils auraient le palais du premier de leurs Rois,

A chacun ils pourraient mieux imposer leurs droits.

A Paris, Chilpéric, fut reçu sans obstacle,

Et, dans les tours des ponts, il logea, par miracle,

Tous ses guerriers unis. Mais apprenant cela,
Les trois frères armés, pour mettre le holà,
Marchèrent sur Paris, à très grande journée.

    Chilpéric, en voyant telle force amenée
N'osa leur tenir tête, et, se montrant soumis,
Accepta le partage, entre eux très bien admis.

— An 561 —

    On forma quatre lots, et le sort, par tirage,
Entre eux fixa d'un coup l'équitable partage.

    Caribert, pour sa part, eut le lot de Paris ; (*)
Gontran eut Orléans ; (**) Sigebert, le troisième
Eut pour sa belle part l'Austrasie (***) est même :

(*) Comprenant Senlis, Melun, Chartres, Tours, Poitiers, Saintes, Bordeaux et les villes des Pyrénées, Marseille comprise.

(**) Comprenant la Bourgogne dont ce lot prit le nom et fraction de la Champagne. Chalon-sur-Saône devint la ville Royale.

(***) L'Austrasie comprenait l'Auvergne. Région de l'Est.

Chilpéric eut Soissons [*]. Tel était composé
Le Royaume de France, encore divisé.

____

(*) Dit aussi la Neustrie, allant de l'Escaut à la Loire. (L'ouest). Il semble du reste que les villes aient été comptées une à une, et que leur nombre seul ait servi de base pour la fixation de ces quatre lots ; car indépendamment de la bizarrerie d'une pareille division territoriale, on trouve encore une foule d'enclaves dont il est impossible de se rendre compte ; Rouen et Nantes sont du Royaume de Chilpéric, et Avranches du Royaume de Caribert ; ce dernier possède Marseille. Arles est à Gontran et Avignon à Sigebert. Enfin Soissons, capitale de la Neustrie, se trouve, pour ainsi dire, bloquée entre quatre villes, Senlis et Meaux, Laon et Reims, qui appartiennent aux deux Royaumes de Paris et d'Austrasie.

CARIBERT.

— An 561 —

Caribert sur le trône, avait, nous dit l'histoire,
Environ quarante ans. Ses frères tous majeurs
Pouvaient, ainsi que lui, soutenir cette gloire,
Qui tenait les Français à si grandes hauteurs.
Sans nul doute, en ces temps, un aussi vaste empire
En imposait à tous, et, nous pouvons le dire,
Etait fort, dans l'Europe, était envahissant,
Au suprême degré, terrible, menaçant.

Aussitôt que les parts furent bien authentiques
Chacun des Rois jura sur les saintes reliques
De demeurer content du lot qu'il recevait.
De ne rien envahir, sur ce qu'un autre avait.
De n'employer jamais force, ni ruse aucune,
Pouvant en sa faveur décider la fortune.

— An 563 —

Ce serment fut bientôt, par l'un d'eux violé.
Chilpéric profitant de ce qu'en Germanie,
Son frère Sigebert, par la guerre appelé,
Lui laissait tous moyens de rompre l'harmonie,
Attaqua Reims par ruse et net s'en empara,
Des villes d'alentour de même il s'assura.
Mais il ne put garder longtemps cette conquête.
Sigebert, revenu, vainqueur, vite s'apprête
A venger son honneur, par de rudes leçons.
Il reprend tout son bien et, jusques à Soissons,
Poursuit l'avide frère. Il lui livre bataille,
Chilpéric est défait, tout contre lui travaille.
Sigebert, dans Soissons entre victorieux.
Après un peu de temps, miséricordieux,
Il pardonne à son frère et se réconcilie,
A l'aide d'un serment, qui de nouveau le lie.

———

Caribert marié, déjà depuis longtemps,
Bientôt fut remarqué parmi les mécontents.

Deux sœurs, (*) grandes beautés, suivantes de la Reine (**)
Filles toutes les deux d'un ouvrier en laine
Etaient pour Caribert, l'objet de tendres soins.

Ingoberge, jalouse, employa tous moyens,
Pour s'en débarrasser. N'osant chasser ces belles,
Elle crut réussir par des ruses nouvelles,
A dégouter le Roi de liens si grossiers.

Elle fit établir, par soins particuliers,
Dans la cour du palais, le père des deux filles,
Travaillant, comme font les plus humbles familles.

Pendant que l'ouvrier s'occupait de son mieux,
La Reine, le voyant installé sous ses yeux,
Appela son mari. — « Venez, venez, dit-elle,
« Voir spectacle nouveau. » Le Roi vint en effet,
Regarda, ne vit rien qu'un cardeur très pauvret
Et ne remarquant, là, nulle chose nouvelle,
Se mit fort en colère. Il s'ensuivit bientôt
Une explication produisant aussitôt
Un effet tout contraire à celui que la Reine

(*) Marcowefe et Meroflede.
(**) Ingoberge sa femme.

Attendait de son Roi, lequel finit la scène,
En quittant Ingoberge (un fardeau trop pesant,
Qu'il ne pouvait garder, et même en épousant
Meroflède sa belle, à présent souveraine.

Bientôt le Roi trouva qu'il lui fallait avoir
Une autre Reine encore, et, de son plein pouvoir,
A la fille (*) d'un pâtre, il donna ce beau titre,
Estimant qu'en cela lui seul était arbitre.
A quelque temps de là Meroflède mourut.
Caribert épousa, le plus vite qu'il put,
Marcowefe sa sœur. D'après lois de l'Eglise
Ayant été sommé, pour la faute commise,
De ne pas donner suite à cet acte interdit
On l'excommunia ; mais sans aucun profit.
Il garda, malgré tout, ces deux femmes pour Reines
Deux femmes sur le trône, à la fois Souveraines.

(*) Nommée Theudegilde, fille d'un gardeur de troupeaux.

Gontran changea d'épouse, au moins autant de fois ;
Son désordre égalait celui des autres Rois.

———

Chilpéric est celui pour lequel la mémoire
Constate, en plus grand nombre affirmé par l'histoire,
Les mariages faits d'après la loi des Francs,
Par l'anneau, le denier, comme aux plus anciens temps.
Encore de nos jours on parle d'Audouère,
Qui fut pour Chilpéric, la Reine, la première.
Elle avait, pour servante et pour dame d'atour
Frédégonde, une fille, assez brillante en Cour,
Pour que le Roi, frappé de sa belle tenue,
Se prit d'amour pour elle aussitôt qu'il l'eut vue.
Frédégonde rusée et que l'ambition
Dominait constamment, terrible passion,
Entreprit d'amener, sans fâcher sa maîtresse
Des motifs tout puissants, et d'extrême finesse,
Pour faire séparer Audouère du Roi
Motifs considérés alors comme une loi.
Audouère, en effet, se vit répudiée ;

Au fond d'un Monastère, au Mans expédiée,
   Chilpéric épousa Frédégonde au plus tôt.
   Audouère partit, pour le Mans, aussitôt.
Et fut, quinze ans après, mise à mort par les ordres
De cette Reine, alors, cause de grands désordres.
   Pendant que ces trois Rois, ainsi se mariaient,
Sigebert, que ces faits surtout décourageaient,
Décide qu'il n'aura jamais plus d'une Reine
Et qui de sang Royal, toujours, surtout provienne.
   Il épousa Brunehaut fille d'un Roi puissant,
D'un Roi des Goths d'Espagne   *   et trait, intéressant,
Brunehaut était très belle et si belle et si belle,
Que Sigebert fixa vite son choix sur elle.
Une grande Ambassade, avec un riche envoi
De présents variés, alla trouver le Roi,
Résidant à Tolède, et lui fit la demande.
   L'habileté de Gog,   **   l'Ambassadeur, fut grande ;

(*) Athanagilde, qui régnait à Tolède.
(**) Gog ou Gogon était Maire du palais d'Austrasie. C'est la première fois que l'on parle d'un grand maître de la maison du Roi.

Son succès fut complet, et même il amena,
D'Espagne jusqu'à Metz, celle qu'on lui donna.

Partout sur le chemin, partout sur son passage,
Brunehaut fut remarquée, en ce très long voyage,
Pour sa beauté, sa grâce et les charmes heureux,
Que chacun admirait, dans ses traits, dans ses yeux
Et jusqu'en ses discours, dont tous les agréments
Lui valurent cent fois des applaudissements.

— An 566 —

Sigebert l'accueillit avec grâces parfaites.
En la ville Royale eurent lieu mille fêtes.
Pour célébrer au mieux cet hymen si flatteur,
Pour le Roi, pour les Francs comme pour tout Seigneur.
On donna des festins, où les tables dressées,
Sous le poids des plats d'or étaient presque affaissées.

Plats d'argent ciselés, des butins d'autrefois
Et riches diamants s'y voyaient à la fois.
On sait combien les mets, les vins, même la bière,
Dans ces noces avaient une libre carrière.

L'histoire de ce temps nous raconte, de plus,

Que pour ce mariage, on vit Fortunatus, (*)
Briller d'un grand éclat à la Cour d'Austrasie,
Par son air distingué, sa belle poésie,
Qui charmait grandement le Roi, tous les Seigneurs,
Où chacun put trouver des traits adulateurs.

A quelque temps de là, Brunehaut, alors païenne,
Abjura les faux dieux en se faisant chrétienne,
Mit le comble au bonheur du Prince et des sujets
Qui dans ce changement, virent d'heureux effets.

———

— An 566 —

Chilpéric résolut, à l'instar de son frère,
De ne se marier qu'avec une étrangère,
Qui fût de sang Royal et digne de siéger
Sur un trône que lui devait mieux protéger.
Naturellement donc le Roi se persuade

———

(*) L'Italien distingué Venantius Honorius Clementianus Fortunatus,
aimable poëte, adressa au Roi et aux Seigneurs des pièces de vers latins
qui furent bien reçues et bien payées. Vénus et l'amour y jouaient leur
rôle à la satisfaction générale.

Que tout va réussir, par une autre ambassade,
Allant auprès du Roi (*), des Goths le souverain,
En son nom, demander, de Galsuinte, la main.

Galsuinte, de Brunehaut, étant la sœur aînée,
La chose paraissait justement combinée.

L'ambassade partit ; mais malheureusement
Chilpéric n'était pas bien vu dans ce moment.

En Espagne et partout le bruit de ses débauches
Rendait ses envoyés maladroits et très gauches,
Quand ils voulaient parler de sa moralité,
Le faire, au moins, valoir, sur quelque bon côté.
La tâche était pour eux tout à fait difficile,
Le seul nom prononcé perdait le plus habile.

Les Goths, civilisés beaucoup plus que les Francs,
Disaient que Chilpéric, encore dans ces temps,
Vivait comme un païen. — La belle jeune fille
Galsuinte, très timide, entendait en famille
Des propos de nature à la terrifier
D'accepter ce mari, sans pouvoir s'y fier.

____

(*) Athanagilde.

Sa mère qui l'aimait, et pleine de prudence,
Partageait chaque jour toute sa répugnance,
Ses craintes, ses chagrins et son pressentiment.
De malheurs, qu'indiquait son juste sentiment.
Le Roi très indécis différait sa réponse.

Enfin aux envoyés, un beau jour il annonce
Qu'il ne peut rien conclure avant que, par serment,
Le Roi n'ait bien juré, comme font saintes âmes,
De renoncer enfin à ses nombreuses femmes
Et de vivre en Chrétien très consciencieux,
Avec sa fille aînée exigeant même vœux.

Des courriers envoyés au plus tôt rapportèrent
Les réponses du Roi, qui toutes, rassurèrent.

Chilpéric, par serment, sûrement promettait
De quitter, dès ce jour, les femmes qu'il avait,
Pourvu qu'il possédât Reine, d'un trône digne,
Souveraine, qui, seule, aurait ce titre insigne.

———

Une double alliance avec les Rois des Francs,

Ennemis naturels et voisins très puissants,
Offrait au Roi des Goths, un si grand avantage,
Qu'Athanagild alors admit le mariage,
Et, sur cette assurance, essaya des traités,
Fixant *douaire* (*) et *dot*, venant des deux côtés.

— *An 567* —

Tous ces débats fort longs, enfin se terminèrent.
De grands événements, en Gaule les hâtèrent.
L'aîné des quatre Rois avait quitté Paris,
Pour aller à Bordeaux, jouir en ce pays
Des beautés du climat, voir un de ses domaines.

— *An 567* —

Caribert y mourut, après quelques semaines.
Cette mort amena, dans l'Empire des Francs,
La perturbation et subits changements.
Theudegilde sa femme, ayant saisi de suite
Tout le trésor Royal, fit proposer ensuite
A Gontran de la prendre, ayant aussi l'espoir

(*) *La dot* qu'apporterait la future épouse ; *le douaire* ou présent c
matin qu'elle recevrait de son mari.

Qu'encor près de Gontran, elle pourrait avoir
Le beau titre de Reine. En homme mûr et sage,
Le Roi reçoit très bien le porteur du message
Et de suite lui dit, d'un air très enchanté :
« Qu'elle vienne au plus tôt et qu'elle ait la bonté
« D'apporter le trésor. Oui, certes, je l'épouse.
« Pour son sort toute Reine en deviendra jalouse.
« Car je l'élèverai, plus haut, à tous les yeux,
« Que ne le fit mon frère. — En puis-je parler mieux ?   »

———————

Ravie au dernier point Theudegilde fit mettre,
Sur plusieurs chariots, ce qu'elle put remettre
De tout son grand trésor, et partit pour Chalon (*),
Résidence du Roi, lequel, sur ses ordres prompt,
Sans plus s'occuper d'elle, après un bon pesage,
Après avoir compté les nombreux chariots,
Examiné sur eux, les objets les plus beaux,
Dit aux gens de sa Cour : « N'est-il pas convenable

(*) Chalon-sur-Saône.

« Que ce trésor Royal, très beau, considérable,

« M'appartienne plutôt qu'à cette femme-là,

« Qui ne méritait pas qu'on lui donnât cela ? »

Sur un *oui* de ses gens, réglant tout de la sorte,

Le Roi fit emmener, au couvent (*) sous escorte,

Celle qui désolée, après un tel présent,

Eprouvait, en surcroît un sort si déplaisant.

Gontran put conserver tout le fruit de sa ruse,

Ce trésor lui resta, sans nul besoin d'excuse.

Les trois frères avaient alors à s'occuper

D'un partage de lots malaisés à grouper,

Sur lequel seulement ils portaient à cette heure

Toute une attention, d'importance majeure.

Caribert ne laissait aucun fils (**) après lui.

Aux trois Rois il fallait faire donc aujourd'hui

(*) Au monastère d'Arles.

(**) Il n'avait que trois filles : Berthe, Bersfled et Chrodielde ; la première
mariée en Angleterre, les deux autres prirent le voile, la 1ʳᵉ à Tours, la
2ᵉ à Poitiers.

Partage très égal du nouveau territoire,
Dont la possession, en Gaule, était notoire.

———

La distribution fut, au plus haut degré,
Etrange ; mais admise, en tout point de bon gré.
La ville de Paris, en trois fut divisée.
Chacun des frères eut sa part bien composée.
Il fut expressément stipulé, toutefois,
Que jamais, dans Paris n'entrerait nul des Rois,
Sans le consentement de ses deux autres frères ;
Sous peine de se voir l'objet de leurs colères.
Pour n'avoir pas tenu ce qu'il avait promis,
Il serait dépouillé de sa part de Paris,
Comme de tout ce qui venait de ce partage.
Ainsi fut, entre eux tous, conclu cet arbitrage,
Accepté par serments solennels et sacrés,
Sur reliques des saints, de chacun vénérés *.

———

(*) Saints Hilaire, Martin et Polyeucte, dont l'inimitié dans ce monde et
dans l'autre fut appelée sur la tête de celui qui manquerait à sa parole.

Senlis également alors fut divisée,
Mais en deux seulement. Toute ville imposée
Entre dans le partage et sans aucun égard
Pour sa position, les enclaves, l'écart. (*)
    Les Royaumes ainsi formèrent un ensemble,
Où l'enchevêtrement préparait, il nous semble
En Gaule, un seul Empire, un unique pouvoir
Qu'un peu plus tard encore, on finira par voir.

———

Chilpéric, recevant et Bordeaux et Bigore,
Limoges, Dax, Cahors, villes du sud encore,
Se trouvait maintenant le plus proche voisin
De son futur beau-père, en ce cas plus enclin
A signer les traités de l'heureux mariage.

(*) Ainsi Gontran obtint par le tirage au sort: Melun, Senlis, Angoulême, Agen et Périgueux, Meaux, Vendôme, Avranches, Tours, Poitiers.
Albi, Couserans, et les cantons des Basses-Pyrénées, échurent à Sigebert.
Enfin dans la part de Chilpéric se trouvaient, avec plusieurs villes que
les historiens ne désignent pas, Limoges, Cahors, Dax et Bordeaux, les

Athanagild, voulant réciproque avantage,
Pour l'un et l'autre Roi, s'empressa d'en finir
Et de sa fille alors il fixa l'avenir.

Mais, pour *douaire* il voulut les cités d'héritage
Que Chilpéric avait en son plein voisinage.

Il voulut, en un mot, comme étant à lui dû,
Tout ce que, sous Clovis, les Goths avaient perdu.

Pour douaire on fixa donc Bordeaux avec Bigore,
Limoges, Dax, Cahors villes du sud encore,
Le tout considéré, comme don du matin.

Cette concession une fois faite enfin,
Et la dot (*) en argent étant bien stipulée,
Le mariage alors fut chose bien réglée.

————

Pendant qu'on préparait cet important traité

cités, aujourd'hui détruites, de Bigore et de Béarn, et plusieurs cantons des Basses-Pyrénées.

(*) Dot considérable en argent et en objets de grand prix.

Galsuinte avait toujours l'esprit très agité.
Sans cesse elle éprouvait très grande répugnance,
Pour l'homme auquel le Roi liait son existence.
Tout ce qu'on promettait, au nom de cet époux,
Ne lui présageait pas un avenir bien doux.

Dès qu'elle apprit enfin, qu'était irrévocable
Le parti qui semblait, pour elle redoutable,
Elle eut un mouvement de terreur et d'effroi,
Et courant à sa mère en ce moment d'émoi
Comme un enfant, en pleurs, elle tint embrassée
Sa mère, une heure au moins sans plainte prononcée.

Les Ambassadeurs Francs vinrent se présenter
Pour saluer leur Reine et la féliciter ;
Mais voyant, en sanglots, deux femmes très émues,
Comme en une seule âme, à la fois confondues,
Tout rudes qu'ils étaient, ils prirent le parti
De remettre à parler du traité consenti,
Comme aussi du départ, des détails du voyage.

Deux jours furent passés, sans remplir leur message,

Au troisième, à la fin, ils vinrent avertir
Que leur Roi les pressait fortement de partir,
Impatient lui-même, en la trop longue absence
De celle qui devait charmer son existence.

———

Athanagild mit terme aux retards successifs,
Que les Ambassadeurs trouvèrent excessifs
Et Galsuinte partit. Une suite pompeuse
De cavaliers, de chars, en quantité nombreuse,
Mais que l'on ne saurait décrire, évaluer,
Traversa tout Tolède, acclamée au passage.
Le Roi suivit aussi jusqu'au pont sur le Tage.
Seule la Reine encor voulut continuer,
Ne pouvant cette fois sitôt effectuer
Sa séparation, et quittant sa voiture,
Près de Galsuinte alors elle s'assit, plus sûre
De contempler au mieux de sa fille les traits,
Pour une mère aimante, adorables attraits.
De journée en journée et d'étape en étape,

Dont chaque souvenir très doucement s'échappe,
Elle fut entraînée à cent milles au moins,
Bien qu'en disant toujours, « J'irai jusqu'à tels points. »
Mais parvenue au terme, elle suivait la route,
A Galsuinte, son âme était encore toute.

A l'approche des monts, les chemins très mauvais
Ne la troublèrent pas. Cependant les relais,
Pour un double cortège, étant très difficiles,
Les Seigneurs Goths, voyant bien des efforts stériles,
Pour leur Reine craignant de graves embarras,
Résolurent enfin de ne permettre pas
Que la Reine, en ce jour, prolongeât son voyage.

Des cortèges alors vite on fit le partage,
Les uns continuant, à marcher vers le nord,
Les autres vers Tolède, allant de l'autre bord.

La séparation étant inévitable,
La résignation se montra raisonnable
Et la mère et la fille, en ces derniers moments,
Se dirent leurs adieux et leurs pressentiments.

La Reine avant d'aller se placer sur son siège,
Dans le char l'attendant au centre du cortège,
Qui devait revenir, s'arrêta quelque temps,
Sur le bord de la route, et, de ses yeux perçants,
Elle suivit toujours la marche de Galsuinte,
Jusqu'à ce que lueur dernière fut éteinte.

Galsuinte résignée, en marchant vers le nord,
Etait triste, rêveuse et songeait à son sort.
Seule, bien seule alors au milieu de l'escorte
Que formaient Seigneurs Goths et Francs de toute sorte,
Elle passa les monts, si beaux et si vantés,
Ensuite traversa les plus grandes cités,
Appartenant aux Goths, la ville de Narbonne,
Puis l'autre grande encor, celle de Carcassonne.

En s'éloignant ainsi du pays Catalan,
On prit le grand chemin de Poitiers, Tours, Rouen.
Cette dernière ville, au bout de ce voyage,
Devait voir s'accomplir le Royal mariage.

Aux portes des cités, tout le long du parcours,

On cessait de la marche, un peu de temps, le cours
Et tout se disposait pour faire que l'entrée
Fût digne de la Reine et très bien célébrée.
Les hommes jetaient bas alors tous leurs manteaux
Et découvraient partout les harnais des chevaux.
Les cavaliers s'armaient, comme pour la revue,
Du bouclier d'honneur, imposant à la vue,
Que l'arçon de la selle en la route portait,
Et que chacun des Francs sans cesse respectait.

    Galsuinte fiancée au Roi de la Neustrie,
Quittait son chariot de trop lourde industrie,
Pour passer sur un char de parade, élevé,
Ayant forme de tour et pour ce réservé,
Char recouvert surtout de riche argenterie
Et par mille détails fort bien enjolivé.

    Partout, on admira le Royal équipage,
Qu'un poète a décrit, témoin de son passage
Aux portes de Poitiers, document (*) précieux.

(*) Post aliquas urbes, Pretavas attigit arces
    Regali pompa, prœtereundo viam,

Qu'on aime à reproduire aux lecteurs curieux.

Cependant Chilpéric, fidèle à ses promesses,
Avait répudié ses femmes, ses maîtresses,
Frédégonde, elle-même, avait eu sans retard,
L'ordre de demeurer pour toujours à l'écart.
Elle sut accepter la règle générale,
Sa résignation parut ferme et loyale.
Elle dissimula si bien, qu'y fut trompé,
Le Roi, depuis ce jour, d'elle non occupé,
Il s'emblait qu'elle tînt pour sincère un divorce
Pour elle, dans ce cas, s'accomplissant de force.
Seulement elle dit qu'elle ne désirait
Que rester au palais, où jadis elle était,
Parmi les serviteurs, tous les gens de service,
Qui, dès ce jour, avaient le plus petit office.
Sous ce masque trompeur Frédégonde resta

Hanc ego nempe novus conspexi prœtereuntem
Noltitor urgenti turrœ rotante vehi.
(*Venantii Fortunati carmina*, Lib. VI, p. 562.)

Et, de l'expulsion, alors on l'exempta.

— *An 567* —

Les noces de Galsuinte eurent lieu tout de suite.
Dans cette occasion, la pompe fut conduite,
Comme avant pour Brunehaut. Les guerriers, les seigneur
Lui firent même entre eux, de très brillants honneurs
Rangés en demi-rond, qui toujours bien assemble,
A leur nouvelle Reine, ils jurèrent ensemble
Fidélité parfaite, en tous points comme au Roi
Et, pour faire en guerriers profession de foi,
Ils dirent leur serment en tirant leurs épées,
Qu'ils brandirent en l'air, habilement groupées.
Le Roi lui-même fit très solennellement,
(La main sur une châsse) un sincère serment,
Celui de ne jamais répudier la Reine,
Fille du Roi des Goths, auguste souveraine,
Ajoutant nettement que le Roi désormais
N'aurait plus nulle femme, autre qu'elle jamais.

Galsuinte, à tous moments, pendant les grandes fêtes

Qui dans Rouen, alors brillantes, furent faites,
Se fit très remarquer par d'exquises bontés,
Qu'elle prouvait sans cesse à tous ses invités.
Elle offrait des présents, adressait des paroles
Toutes pleines de cœur, douces et bénévoles.
Chacun y répondait universellement
En l'assurant au mieux d'un parfait dévouement.
    Ces vœux jusqu'à la fin partout l'accompagnèrent
Et, sous aucun rapport, jamais ne lui manquèrent.

    La Reine, à son lever, le jour du lendemain,
Reçut de Chilpéric le présent du matin.
Le Roi, devant témoins, retint dans sa main droite
La main de son épouse et, de façon adroite
Avec son autre main, sur la Reine il jeta
Un petit brin de paille, et par là, constata,
Qu'à Galsuinte il donnait *les cinq villes* pour elle,
En sa possession, sûre et perpétuelle.
L'acte en fut établi, tel que nous le notons,

Et tel qu'avec plaisir, nous vous le transmettons. (*)

Pendant les premiers mois, après le mariage,
La Reine avec douceur, patience et courage
Supporta, chaque jour, le caractère entier,
Rude, même incivil d'un époux très altier.

(*) Puisque Dieu a commandé que l'homme abandonne père et mère pour s'attacher à sa femme, qu'ils soient deux en une même chair, et qu'on ne sépare point ceux que le Seigneur a unis, moi Chilpéric, Roi des Francs, homme illustre, à toi Galsuinte, ma femme bien aimée, que j'ai épousée suivant la loi salique, par le *sou* et le *denier*, je donne aujourd'hui par tendresse d'amour sous le nom de dot et de Morganeghiba, les cités de Bordeaux, Cahors, Limoges, Béarn et Bigore avec leur territoire et toute leur population. Je veux qu'à compter de ce jour, tu les tiennes et possèdes en propriété perpétuelle, et je te les livre, transfère et confirme par la présente charte, comme je l'ai fait par le brin de paille et par le handelang.

Et Chilpéric d'ailleurs, eut quelque temps pour elle
Véritable tendresse, affection réelle.
Il l'aima tout d'abord, par pure vanité,
Joyeux d'avoir surtout, en elle conquêté
Une épouse valant la femme de son frère.
  Pour lui, ce n'était pas certes petite affaire.
Puis lorsqu'il fut blasé sur ce contentement,
Par avarice encore il l'aima tendrement.
Elle eut de ce côté, nouveau moyen de plaire,
A cause des trésors, qui dans sa dot étaient,
Des objets précieux, très beaux qui s'y trouvaient.
  Mais, après s'être plu dans ses calculs d'avare,
Son plaisir chaque jour devint moindre et plus rare.
Dès lors aucun attrait ne sut plus l'attacher.
Et tout ce qu'en Galsuinte il devait rechercher,
Les charmes de son cœur et ses beautés morales,
Furent, pour Chilpéric, qualités trop banales.
Il cessa de l'aimer, puis ne ressentit plus
Auprès d'elle qu'ennuis et froideur en surplus.

— *An 567* —

Ce moment, qu'épiait Frédégonde ennemie,
Fut mis vite à profit, par adresse infinie.
Elle se montra donc, et comme par hasard,
Au passage du Roi, sans mettre de retard.
Le Roi frappé de suite, en revoyant ces charmes,
Qu'il n'avait oubliés, se trouvant pris sans armes,
Vit renaître en son cœur, la vive passion
Qui, mal éteinte, fit forte réaction.
Frédégonde, dès lors, nouvelle concubine,
Ébruita ses succès de ruse féminine.
Son triomphe récent fut de chacun connu,
Très blessant pour la Reine, alors trop accablée
Pour que l'attention ne fût pas appelée.

Galsuinte, après avoir en silence pleuré,
Alla se plaindre au Roi, lui dit à quel degré
Tout honneur à la Cour était perdu pour elle.

En présence de faits d'une nature telle,
D'injures et d'affronts, qu'on ne peut supporter.

Galsuinte demanda, pour grâce à souhaiter,
D'être répudiée. Elle offrit au Roi même
D'abandonner sa dot, pour la faveur extrême
De revenir de suite en son propre pays,
Auprès du Roi son père, auprès de ses amis.

    D'un très riche trésor, l'abandon volontaire
Semblait à Chilpéric chose extraordinaire.
Désintéressement, pure abnégation
Étaient mots inconnus, en cette occasion.

    Le vrai peut quelquefois n'être pas vraisemblable.
Chilpéric, en ce cas, ne trouva pas croyable
Une promesse faite en toute loyauté.
Dictée avec honneur, par la sincérité.
Il craignit seulement une rupture ouverte,
Pouvant causer pour lui, la déplorable perte
De trésors qu'il voulait s'assurer pour toujours.
De précieux objets, qu'il comptait tous les jours.

    Dissimulant alors ses plus sombres pensées,
Dans le cœur du sauvage, avec ruse, pressées,

Il changea tout à coup de manière d'agir,
Prit une douce voix, marqua son repentir
Et par serment d'amour trompa la jeune Reine,
Qui dès lors, espéra, de confiance pleine,
Un retour aux beaux jours, qu'elle croyait revoir.
Elle ne parlait plus du premier désespoir
Et peut-être croyait le retour bien sincère,
Lorsqu'un soir, à la fin, par perfidie amère,
Un serviteur gagné, dans sa chambre introduit,
Vint l'étrangler, dormante, au milieu de la nuit.
Mais, découvrant bientôt que la Reine était morte,
Chilpéric affecta trouble de toute sorte,
Affection extrême et fit même semblant
D'accorder quelques pleurs à ce fait accablant.

Très peu de jours après, il reprit Frédégonde,
Qu'il fit épouse et Reine, au su, de tout le monde.

C'est ainsi que périt cette Reine des Francs,
Figure noble et digne, en tout, d'un autre temps.

Jeune femme accomplie et, de loin, prévenue,
Par révélation, de bien lointaine vue,
Du sort si douloureux, à ses jours, destiné,
Femme qui traversait un siècle trop borné
Pour bien comprendre une âme, aussi bonne, aussi pure,
Une âme aussi parfaite, en sa douce nature.

Malgré l'abaissement de tout le sens moral,
Malgré tant de délits, fruits des excès du mal,
Bien des gens, cependant, voyant cette infortune,
A laquelle on n'osait en comparer aucune,
S'émurent d'un sort tel et si peu mérité.

Selon l'esprit du temps et sa simplicité,
La sympathie alors fut superstitieuse ;
On disait qu'une lampe, en cristal, lumineuse,
Suspendue au plafond, tout près de son tombeau,
Le jour de son convoi, par miracle nouveau,
S'était subitement, intacte, détachée,
Et sans qu'aucune main l'eût en un point touchée.

Cette lampe, en tombant, sur le pavé très dur,
Composé de carreaux du marbre le plus pur,
En rien ne se montra brisée, ou même éteinte.
Elle n'eut, nulle part, la plus légère atteinte.

Pour rendre le miracle encore plus parfait,
Tout le monde assurait, pour compléter le fait,
Que le marbre parut, comme matière molle,
Céder et, pour la lampe, être son alvéole.

De si doux souvenirs, de si touchants récits
Reproduits et transmis dans les plus vieux écrits
Passaient de bouche en bouche, en ce siècle barbare,
Comme l'expression, vivante, douce et rare,
De sentiments de foi, rendant chacun pensif,
Et dans l'âme excitant un progrès très actif.

CHILPÉRIC (*)

— An 567 —

Cette mort de Galsuinte eut triste conséquence.
Une guerre civile, affreuse pour la France,
Se répandit partout pendant plus de dix ans,
Causant de tous côtés des malheurs incessants.

Sigebert, comme époux de la sœur de Galsuinte,
Vengeur de la famille, indignement atteinte,
Dans son honneur, sa paix, sa réputation,
Appela Chilpéric en réparation.
Au Roi Gontran son père, il envoya de suite
Demander son appui, pour aider sa poursuite.

(*) Quoique Chilpéric n'ait eu qu'une partie du Royaume et de la ville
de Paris, cependant la plupart de nos historiens le mettent au nombre
des Rois de cette Capitale, immédiatement après la mort de Caribert.

Gontran devient alors le grand Médiateur,
Entre les deux rivaux et calme leur fureur,
Il leur fait accepter, afin que la concorde
Puisse renaître entre eux : Que Chilpéric accorde
A la Reine Brunehaut, le douaire de sa sœur.
Les cinq villes ainsi, d'après cette sentence,
Qui devient dès ce jour loi de jurisprudence,
Sont la propriété de la Reine Brunehaut.
Ce traité bien admis, est juré comme il faut,
Et, depuis ce serment, la famille est amie,
La paix, grâce à Gontran, se trouve rétablie.
Mais au fond, Chilpéric, ce trop coupable Roi,
En accueillant si bien une très juste loi,
Se promettait de faire, un jour, tout autre chose.
Il reprendrait son bien, défendrait mieux sa cause,
Ou bien il saisirait au moins l'équivalent,
Sur le lot de son frère. — Il resta vigilant,
Et mûrit son projet pendant quelques années,
Dissimulant toujours ses perfides menées.

Chilpéric sachant bien qu'au nombre des cités
Béarn avec Bigore, en pays écartés,
Avaient peu de valeur, fit un plan de conquête,
Où l'on retrouve encor sa ruse toute prête.
Il crut bien plus pratique et plus avantageux
D'admettre dans son plan deux villes valant mieux :
Celles de Tours, Poitiers, proches, riches et grandes,
Fort à sa convenance et conquêtes friandes.

— *An 573* —

Bien fixé sur ce point, un beau jour il se mit
En train d'exécuter ce projet d'érudit.
De sa ville d'Angers, les troupes consommées,
Vite surprirent Tours et Poitiers, mal armées,
Dont tous les habitants, ou presque tous, Gaulois,
Entre les trois Rois Francs, ne faisant pas de choix
Leur donnèrent entrée avec indifférence.
Pour eux, c'était, toujours l'un des trois Rois de France.

Sigebert apprenant cette défection,
Proteste avec bon droit, contre l'agression.
Gontran est prévenu. — Celui-ci, sans rien dire,

En pacificateur, s'empresse de prescrire
A son grand chef Mummel, guerrier habile et mûr,
De rétablir la paix par un coup prompt et sûr.

   Ce général reprend ces deux dernières villes.
Reproche aux habitants de se montrer dociles
Aux lois de Chilpéric, leur fait à tous, jurer
D'être au roi Sigebert, d'y toujours demeurer ;
Croyant, de Chilpéric, la fougue réprimée.

   Mais Chilpéric, ne peut jamais se corriger.
Il veut, quoique vaincu, de nouveau se venger.
Il rassemble une armée, et son fils (*) la commande.
Gontran s'attend, alors, à nouvelle demande
D'une intervention, utile pour la paix.
Donc aux soins d'un synode il transmet ce lourd faix.

   Inutiles efforts, le Roi ne veut rien croire :
Son fils Théodebert vite passe la Loire ;
Il marche sur Poitiers, où se réunissaient
Les chefs Austrasiens, qui contre lui venaient.

   Ces chefs sont tous défaits. Ils n'étaient pas de taille,

(*) Théodebert, fils aîné de Chilpéric.
   Ses autres fils étaient Mérovée et Clovis, tous étaient nés de son mariage avec Audouère.

A lutter contre Francs alignés en bataille,
Plus nombreux, mieux campés, plus anciens d'ailleurs.
    Voici les Neustriens redevenus vainqueurs.
    Infortuné Poitou, quel malheur est le vôtre.
    Touraine également votre sort n'est pas autre !
    Les Neustriens nombreux se groupent dans Poitiers
Et dans cette cité, concentrent leurs quartiers,
Pour s'employer, à l'aise, ensuite à la conquête
Des cités d'alentour, qui devait être faite.
    Théodebert prend Tours et fait, dans ce pays,
La guerre d'un sauvage aux habitants repris.
    Limoges et Cahors tombent bientôt, de même,
Sous cet affreux pouvoir. Le pillage est extrême.
La désolation, tous les plus grands malheurs
Se déchaînent enfin sous la loi des vainqueurs.
    Le spectacle navrant de cruautés sans nombre
Frappe tous les esprits, rend chacun d'humeur sombre.
    Sont-ce donc là des Francs, qui pillent un pays
Que Clovis, leur ancêtre, a par bienfaits acquis !

En ce temps Sigebert, réunissait ses troupes,
Contre Théodebert. — Il enrôlait par groupes,
Suèves et Saxons, même Allemands requis,
Quoique à craindre en la Gaule et païens très féroces,
Pillards habitués à des crimes atroces,
Ne cherchant que butin, surtout en pays Francs,
Soldats qui n'étaient pas à mettre dans les rangs,
Car ils devaient, un jour, soulever des orages,
Introduits dans la Gaule, objet de leurs outrages. (*)

Chilpéric et Gontran s'émouvant de ce fait,
Unissent leurs efforts, pour arrêter tout net,
Une invasion telle et pour tous dangereuse.

Cette guerre finit par une paix honteuse.
Chilpéric est forcé de rendre à Sigebert
Tout ce qu'avait saisi son fils Théodebert.
Tours, Limoges, Poitiers et Cahors, quatre villes,
Rentrent à Sigebert. — Voilà trois Rois dociles.

(*) Formidable armée, où se trouvaient aussi des Bavarois, des Thuringiens, populations d'outre-Rhin également.

Mais les pauvres cités et tous leurs environs,
Que leur arriva-t-il ? Que firent les Saxons ?
Les Saxons, Allemands, Bavarois et Suèves,
Voyant évanouis tous leurs plus brillants rêves,
Eux qui comptaient avoir, en Gaule, un fort butin,
Forcés de retourner chez eux à l'est du Rhin,
Font partout en passant, comme effrontés sauvages,
Vols, profanations, les plus cruels pillages.
Dans les bourgs, les cités des pourtours de Paris,
Dans tous les lieux sacrés jusque dans Saint-Denis,
Dont ces soldats mutins pillent la basilique : (*)
Mais plus tard Sigebert fait recherche publique
De ces coquins rentrés, chacun dans leur maison
Et les fait mettre à mort sans merci, ni pardon.

———————

A peine, un an après, Chilpéric veut encore,
Reprendre son projet, ce projet qui l'honore !

— *An 575* —

Ayant gagné Gontran pour vaincre Sigebert,
Chilpéric, de nouveau, lance Théodebert,

———————————————

(*) 574.

Qui repasse la Loire. Il envahit, lui-même,
Les environs de Reims. Dans ce péril extrême,
Sigebert pourchassé par la Reine Brunehaut,
Qui furieuse enfin, dit et redit bien haut,
Que l'on doit proclamer un dernier ban de guerre,
Contre cet assassin, contre un perfide frère,
En finir avec lui; suit alors cet avis.
   Il poursuit Chilpéric, jusqu'auprès de Paris
Et, malgré les traités, occupe cette ville
Dans l'espoir d'y trouver un refuge tranquille.
Théodebert, d'abord, est de très près suivi,
Puis, non loin d'Angoulême, où, des siens, mal servi
Tout en se défendant, il meurt dans la mêlée,
Et sa troupe, sans force, est bientôt accablée.

———

Chilpéric, apprenant cette cruelle mort,

Et sachant Sigebert maintenant le plus fort,
Réduit au désespoir, abandonne la Seine ;
Puis, voyant que sa perte est à peu près certaine,
Il s'enferme en Tournai, conduisant avec lui
Sa femme, ses enfants, ses seuls biens aujourd'hui.

De son côté, Brunehaut amène sa famille
Auprès de Sigebert, dans Paris, noble ville.
Poursuivant sa vengeance, auprès de son époux,
Et contre Chilpéric, déchaînant son courroux.

Sigebert excité toujours contre son frère,
Fait envahir Tournai. Le siège va se faire.

Chilpéric consterné ressent mille chagrins ;
Mais Frédégonde est là, qui mûrit ses desseins.

Elle arme deux soldats, qui, dans son entourage
Paraissent à la Reine être pleins de courage,
Leur donne mission de sortir de Tournai
Et d'aller à l'instant à Vitri, près Douai,
Assassiner le Roi, Sigebert, oui, lui-même,
Alors en son domaine et dans un calme extrême,

Tous les deux, en effet, sont reçus par le Roi,
Qui, ne soupçonnant rien, les admet sans émoi,
 Des deux côtés, frappé, d'une atteinte mortelle
Le Roi meurt au milieu de sa Cour qui, fidèle,
Fait périr, sous ses coups, ces monstres assassins.

 Voici, pour Chilpéric, de tout nouveaux destins.
 Le Roi quitte Tournai, retourne en ses domaines
Et, dans Vitri d'abord, où sans remords, ni haine,
Il accorde au défunt des soins dignes d'un Roi.
Il le fait enterrer, avec pompeux convoi. (*)

(*) Sigebert fut, par les soins de Chilpéric, enseveli avec pompe dans le village de Lambres, sur la Scarpe. Il avait 40 ans lorsqu'il mourut.

— *An 575* —

Brunehaut, jusqu'à ce jour, voyait ses espérances
S'accroître constamment et devenir immenses,
Au point qu'elle croyait être prochainement
Reine de la Neustrie et glorieusement.
Mais apprenant la mort cruelle, inattendue,
Qui, frappant Sigebert, la rendait éperdue,
Elle vit le danger de tomber au pouvoir
De Chilpéric venant à tous se faire voir,
S'emparant de Paris, surprenant sa famille, (*)
Saisissant un trésor, qui devant ses yeux brille.

Au comble du malheur et seule en son palais,
Pour elle une prison terrible désormais,
Elle n'ose partir, se rendre en Austrasie.

La peur d'être arrêtée en sa fuite, saisie,
Et d'aggraver, par là, sa situation,
La tient comme atterrée, au fond de sa prison.

(*) Elle avait deux filles, Ingonde et Clodowinde, et son fils Childebert II âgé de cinq ans.

Ne pouvant fuir Paris, avec son lourd bagage,
Emmener trois enfants, dont un Prince en bas âge,
Elle voulut au moins sauver ce jeune fils,
Qu'elle craignait de voir, par Chilpéric, surpris,
Lui qui devait surtout au Roi porter ombrage.

Du jeune Childebert, un seigneur très discret
Tenta l'enlèvement, dans le plus grand secret :
On plaça cet enfant, avec soin et prudence,
Dans un panier transmis, en grande diligence,
A quelqu'un du dehors, qu'on ne soupçonnait pas
Et qui fit parvenir à Metz, sans embarras,
Le Prince, qu'on reçut avec transport de joie,
Lui qui, de Chilpéric, aurait été la proie.

Cette arrivée à Metz rallia les guerriers.
Tous les Austrasiens s'unirent par milliers.

Childebert, à cinq ans, fut le Roi d'Austrasie.
Une assemblée eut lieu par les grands bien choisie
Et forma le conseil, qui devait gouverner,
Fier d'un pouvoir si grand qu'on venait lui donner.

Chilpéric furieux, dès qu'il sut cette fuite,
Fit diligence extrême alors à sa poursuite,
Accourut à Paris pour s'assurer, au moins,
De Brunehaut, en personne, et donner tous ses soins
A s'emparer surtout de trésors pleins de charmes,
Qui ne lui coûteraient aucun recours aux armes.

———

Brunehaut fut donc bientôt devant son ennemi,
Seule, sans nul secours. — Qui n'aurait pas frémi !
Pourtant, à vingt-huit ans, sa grâce et ses manières,
Sa beauté remarquable étaient encore entières ;
Ses larmes, ses trésors devaient au moins calmer
Celui que tant d'attraits auraient pu désarmer :
Mais l'un des fils du Roi, le jeune Mérovée,
Remarquant, en Brunehaut, tant de grâce achevée,
Fut vivement touché de ses charmes brillants,
Comme de ses malheurs, en si tristes instants.
Des regards de pitié d'une douceur extrême,
Furent bien remarqués par la Reine elle-même.

Ces traits de sympathie, au jeune fils du Roi,
Produisirent bientôt, on devine pourquoi,
Un amour partagé, seul espoir pour la Reine,
D'esquiver la vengeance implacable et la haine
De Chilpéric armé de toute sa fureur,
Que rien ne retenait, pas même le malheur.

Le Roi, ne s'occupant qu'à compter les richesses,
Qui bientôt tomberaient dans ses avides caisses,
Ne s'aperçut de rien. Heureux de ses trésors,
Qu'il faisait entasser dans tous ses coffres-forts,
Chilpéric se borna, pour sa seule vengeance,
A fixer à Brunehaut une autre résidence. (*)
Il voulut que Rouen devînt le lieu d'exil,

— *An 576* —

Où la Reine pourrait habiter sans péril.
Brunehaut fut donc conduite à Rouen sous escorte
Et s'estima dès lors sauvée en quelque sorte.

(*) La seule épreuve vraiment douloureuse qu'elle eut à subir, après
tant de craintes, fut de se voir séparée de ses deux filles, que le Roi fit
conduire et garder à Meaux.

Mais ce départ laissa Mérovée attristé ;
D'un chagrin très profond, sans cesse tourmenté,
Il dut bientôt, à Braine, accompagner son père,
Rester en ce séjour, qui ne pouvait lui plaire.
Frédégonde cherchait continuellement
A nuire à ce jeune homme, avec acharnement,
Et le Prince eût voulu pouvoir retrouver celle,
Dont les regards charmants, peut-être un seul mot d'elle,
Lui semblaient faire croire à quelque souvenir,
Que son cœur conservait doux pour son avenir.

Chilpéric, d'autre part, songeait à ses cinq villes,
Pour lesquelles ses soins avaient été stériles.

Les chefs Austrasiens en étaient possesseurs,
Tours seule demeurait digne de ses faveurs.
Il s'agissait enfin de réunir encore,
Suivant ce grand projet, que tant il élabore,
Limoges et Poitiers, Cahors et puis Bordeaux :
Il fallait donc livrer des combats tout nouveaux.

Mérovée eut bientôt un ordre de son père

De commander en chef la grande armée entière,
Qui dut, à cet effet, vers le Poitou partir.
Cette direction fit un grand déplaisir
Au Prince, dont le cœur ne cherchait pas la gloire.

En rêvant à Brunehaut, il partit pour la Loire
Et dans Tours prépara le plan d'évasion,
Que lui dictait sans cesse alors sa passion.

Il partit pour Rouen, trouva Brunehaut charmée
De le revoir sitôt, oublia son armée.
La Reine également oublia son mari.

De semblables tourments, chacun d'eux fut guéri.

———

Chilpéric, cependant, plein d'espoir de succès,
De l'expédition qu'il croyait en progrès,
Apprit avec douleur que son fils Mérovée
Avait quitté son poste. Il sut son arrivée
A Rouen, où, bientôt, il s'était marié
A sa tante Brunehaut, quoique son allié.
On comprend aisément quel accès de colère

Il éprouva de suite, et la douleur amère
Qui le fit, pour Rouen, partir au même instant.
En présence d'un fait qui le surprenait tant,
Il voulait faire rompre une union blâmable,
Traiter sévèrement un fils aussi coupable,
Séparer ces époux. — Mais eux ne pensaient pas
A ce que leur amour causerait d'embarras.
    Le Roi dissimula son projet, impassible,
Finit par emmener, et le plus tôt possible,
Mérovée à Soissons, en laissant à Rouen,
Brunehaut, qui fut plus tard, par changement de plan,
Rendue (*) à l'Austrasie. — Une mesure telle
Se trouvait s'accorder avec ce que, pour elle,
Ce pays réclamait, qui ne soupçonnait pas
Ce qu'elle allait, chez lui, produire de tracas.
Pour Chilpéric, d'ailleurs, elle était charge immense
Et la remettre à Metz était noble vengeance.

(*) Ainsi que ses deux filles.

Pour Mérovée il fut de ses armes privé,
Dégradé, comme traître, et de près observé.

Clovis le remplaça, se rendit en Touraine,
S'empara de Poitiers, presque sans nulle peine.

On conquit (*) les Cités que Chilpéric voulait,
Toutes villes du Sud, que jadis il avait.

Mérovée, en ce temps, haï de Frédégonde,
Par elle poursuivi, chassé par tout le monde,
Fut jugé, condamné par un arrêt cruel,
Sans moyens de défense et sans aucun appel.
On coupa ses cheveux, cette noble parure,
Qui distinguait les Rois, leur longue chevelure,
On lui prit son épée, avec son baudrier.
De son Royal costume, on le fit dépouiller ;
Ensuite on l'envoya, sous escorte sévère,
Finir, à Saint-Calais, ses jours au Monastère.

(*) Grâce à l'habileté militaire de Desiderius, chef Gallo-Romain pour
la Neustrie.

Il put tromper sa garde, et se sauver à Tours ;
Mais, pourchassé partout, faisant tours et détours,
Traqué de tous côtés, en détresse profonde,

— *An 577* —

Il fut assassiné par gens de Frédégonde.

———————

Cette Reine suivit le cours de ses fureurs,
Qui ne fit que créer beaucoup d'autres malheurs.
Elle voulut d'abord bien ménager la perte
De Clovis, pour lequel elle fit découverte
D'un complot qui mettait en péril très pressant
Les jours de Chilpéric, un complot menaçant,
Dont l'organisateur était Clovis lui-même,
Qui, de régner bientôt, avait désir extrême.
Frédégonde, d'ailleurs, perdait, au même temps,
Atteints d'un même mal, ses trois jeunes enfants.
Ajoutant, au complot, un second stratagème,
Elle accusa Clovis d'avoir empoisonné
Les fils qu'il repoussait, jusqu'à son dernier né.
On arrêta le Prince, alors chef de l'armée,

Qui venait d'acquérir si juste renommée :
Mais rien ne le sauva de toutes les fureurs
Qu'exerçait Frédégonde, en proie à ses douleurs.
Clovis, devant le Roi, traîtreusement saisi,
Fut enfermé de suite au château de Noisy.
    Il y reçut la mort, d'un poignard homicide.
    Au pied de la Chapelle, après ce meurtre horrible,
Le corps, portant toujours le poignard acéré,

— An 580 —

Fut au fond d'une fosse, à l'instant enterré.
    Audouère vivait, au Mans, répudiée
Et, dans son Monastère, encore réfugiée,
Frédégonde envoya des gens la mettre à mort. (*)

— An 580 —

De cette Reine, ainsi finit le triste sort.

    Pendant que tant d'horreurs désolent la Neustrie,
Childebert et Gontran, marchant de confrérie,
S'animent tous les deux. Gontran, seul, sans enfants,
Adopte Childebert ; par actes bienfaisants,

(*) Audonère fut étranglée.

Le fait son héritier de la Bourgogne entière,
Un accord si puissant, dont l'Austrasie est fière,
Amène, pour l'instant, nouveau traité de paix
Entre oncles et neveu, ne s'entendant jamais.
Cette trève n'ayant qu'une courte durée,
La guerre entre ces Rois n'étant que différée,
Childebert et Gontran, forts de leur union,
Prennent décidément la résolution
De faire à Chilpéric une guerre sanglante.
    Celui-ci, cette fois, traqué, s'en épouvante,
S'enferme dans Cambrai, pour garder ses trésors
Et ne tente plus rien contre ennemis si forts.

———

    Un jour, ils vont chasser à son palais de Chelles,
Où toujours il trouvait distractions nouvelles.
Au retour de la chasse, un homme se glissa
Près du Roi, d'un pas sûr, et vite le perça
De deux coups de poignard. La mort fut foudroyante
Et l'assassin s'enfuit en jetant l'épouvante.

———

Ainsi périt (*) alors, atteint cruellement,
Ce Roi qu'on redoutait universellement.
  On l'appela, depuis, le Néron de la France.
  Il ne laissait qu'un fils dans la plus tendre enfance (**)
Que l'on nomma Clotaire, et qui lui succéda.
La loi salique, alors, ainsi le décida.

(*) Voici comment on explique ce fait :
Chilpéric, prêt à partir pour la chasse, était monté dans la chambre de la Reine Frédégonde. Elle crut que c'était Landry, avec lequel elle vivait dans une trop grande familiarité. Certaines paroles, qui lui échappèrent, découvrirent toute l'intrigue à l'homme du monde à qui il était le plus important de la tenir cachée. Le Roi sortit brusquement et d'un air rêveur. Frédégonde instruisit son amant de cette fatale aventure. Le malheureux, pour éviter sa perte, osa faire assassiner son maître.
  (**) Il n'avait que quatre mois.

CLOTAIRE II.

— An 584 —

Gontran fut, en ce temps, aux yeux de tout le monde,
Tuteur des jeunes Rois, gardien de Frédégonde,
Chef de la Nation, estimé des Seigneurs,
Très respecté des Francs et des Ambassadeurs.

Redoutant Frédégonde, il veut, en diligence,
Résider à Paris, mettre de l'ordre en France.
Comme Roi de Soissons, on reconnut Clotaire,
Et, pour Régente, on prit Frédégonde sa mère,
Suivant l'usage ancien, que l'on sut respecter ;
Mais la Régente fut condamnée à quitter
La ville de Paris. Elle fut reléguée
Au château de Verdreuil, * un instant subjuguée.

(*) Maison Royale, à quatre lieues de Rouen.

— An 585 —

De retour en Bourgogne, après ces premiers faits,
Gontran y cherche en vain le repos et la paix.

— An 590 —

Une guerre en Bretagne est à peine finie.

— An 593 —

Clotaire est baptisé. Cette cérémonie

— An 593 —

Vient enfin d'avoir lieu. Gontran meurt à Châlons.
Agé de soixante ans, laissant regrets profonds.

Childebert hérita de la Bourgogne entière.
Clotaire conserva tous les droits de son père.
La mort de Gontran, donc, ne parut pas d'abord
De l'Empire Français changer beaucoup le sort :
Mais peu de temps après, par un malheur extrême,
Childebert fut frappé de prompte mort lui-même ;
Il avait vingt-cinq ans. — Sa femme aussi périt
Et presque à la même heure. On répandit le bruit
Que Frédégonde était, de ces trépas, la cause.
Heureusement le Ciel, qui règle toute chose,
Débarrassa la France, en ces tristes moments,
De celle qui créait tant de dissentiments.

— *An 597* —

Frédégonde mourut (*) après cette victoire (**)
Par elle remportée et, certes, non sans gloire.

— *An 598* —

Deux fils de Childebert régnèrent après lui :
Théodebert à Metz, en Bourgogne Thierri.

Alors le sol Français, un aussi grand Empire,
N'avait pas encor vu, pour lui, de destin pire :
Car on le partageait entre trois Rois mineurs, (***)
Qui faisaient redouter de terribles malheurs.

(*) Elle mourut de maladie, dans son lit, tranquille, si on peut l'être quand on a tant de sujets de remords.

(**) La victoire de Latofao, remportée en 596, près de Soissons, contre Brunehaut.

(***) Clotaire était âgé de treize ans.
    Théodebert   —   de dix ans.
    Thierri   —   de neuf ans.

En ce temps reculé, pauvre en hommes habiles,
Règnes de jeunes Rois étaient très difficiles.
Les Maires du palais (*) hommes supérieurs,
Furent, du plein pouvoir, les premiers détenteurs.

Souverains absolus, maîtres dans leur empire,
Ils virent, sous ces Rois, fortune leur sourire.

Landry, pour la Neustrie, et Berthould, d'autre part,
Qui tenait en ses mains Austrasie et Bourgogne.
Ces ennemis jurés se mirent en besogne,
Pour se faire, à chacun, un très puissant rempart,
Suivant son intérêt, non celui de la France,
Rempart contre les grands de trop haute influence.

(*) Les Maires du palais étaient des officiers de la Couronne, chargés, sous la première race, du gouvernement intérieur du palais. En 614, cette charge devint inamovible et l'élection des Maires appartint non plus au Roi, mais aux grands Vassaux. Ce principe d'autorité les rendit presque indépendants des Rois.

Ils purent préparer, par le sort des combats,
Des triomphes brillants, par fructueux débats ;
De ces trois jeunes Rois, la perte assez prochaine,
Des Mérovingiens, la ruine certaine.
   De cette époque, donc, date probablement
Des Maires du Palais le vrai gouvernement.

———

— An 599 —

Brunehaut Régente alors, en Bourgogne-Austrasie,
Donna tout libre cours à cette jalousie,
Qui troublait son repos. La guerre entre les Rois,
Incessante, acharnée, encor comme autrefois,
Recommença bientôt. — Ce fut le Roi Clotaire
Qui, dans ce grand combat, cette importante affaire,
Des trois perdit le plus. — Il se vit dépouillé,
Malgré le grand éclat dont il avait brillé.
On ne lui laissa plus qu'un très maigre apanage,
Une réduction de son juste héritage.

———

— Ans 600 à 612 —

Thierri, Téodebert, excités par Brunehaut,

Pour se brouiller entre eux, font bien plus qu'il ne faut,
Brunehaut est repoussée au loin de l'Austrasie,
Où la Reine agissait trop à sa fantaisie.

A la cour de Bourgogne, elle anime Thierri
Contre Théodebert, par elle-même, aigri.

— *An 612* —

Théodebert périt d'une main inconnue.

— *An 613* —

Thierri, contre Clotaire, en guerre continue,
Meurt d'une maladie, âgé de vingt-six ans.
Les Seigneurs d'Austrasie éloignent ses enfants,
Transmettent à Clotaire, assuré des suffrages,
De leurs deux Nations, les brillants héritages.

On convient d'en finir de suite avec Brunehaut,
De la faire mourir, et, remontant plus haut,
De faire aussi périr ses petits-fils, eux-mêmes.
Tels furent, des partis, les jugements suprêmes.

Que de crimes pour faire un seul Roi souverain.
Et combien on redit les mots traître, assassin !

— *An 613* —

Brunehaut espère avoir seule cette couronne ;

Mais ce n'est pas ainsi que le Ciel en ordonne.
Le roi fait amener la Princesse à son camp.
La soldatesque en veut le trépas sur le champ.
On la promène alors, on l'insulte, on l'accable,
On la donne à traîner au cheval indomptable,

— An 613 —

Qui l'emporte et la met en pièces, furieux.
De la Reine Brunehaut tel fut le sort affreux.

———

— An 613 —

Clotaire maintenant va régner sur la France.
Ainsi le décida la juste Providence ;
Nous ne chercherons pas à sonder ses décrets.
La Providence alors préparait ses projets.
Des Mérovingiens nous allons voir la race,
Aux Maires du Palais céder bientôt la place.
A force de faveurs pour ces hommes marquants,
A force de se faire, eux tous, Rois fainéants,
Ils perdirent leurs droits, tout honneur, toute gloire
Et, cherchant le repos, cédèrent la victoire.

———

CLOTAIRE II, seul.

— An 613 —

Clotaire commença par prouver aux Seigneurs,
Qu'il savait accorder d'indicibles faveurs.
Aux Maires du Palais, qui, pendant sa détresse,
L'avaient aidé si bien, il avait fait promesse
De les conserver même *à vie* en leur emploi ;
C'est ce qu'il fit pour eux et qui depuis fut loi.
En Bourgogne, Garnier, Nadon en Austrasie,
Gondelon à Soissons furent, par courtoisie,
Maires jusqu'à leur mort. Vices-Rois ils étaient,
Dans leur gouvernement ces trois Maires régnaient.
Le Roi, n'y voyant pas d'importance majeure,
De sa race créait la ruine sur l'heure.
L'hérédité survint aux Maires du Palais ;
Enfin on décida qu'ils seraient désormais
Nommés par les Seigneurs. On ne pouvait mieux faire,

Pour que les Rois, alors, n'eussent plus qu'à se taire.

———

En l'an six cent vingt-deux, Clotaire avait deux fils :
Dagobert, (*) Caribert, à ses ordres soumis.
Par amour du repos, peut-être par tendresse,
Il nomma Dagobert, (**) sur la demande expresse
Des grands Austrasiens, seul Roi de leur pays.
Les Ministres qu'il eut étaient deux hommes sages :
Arnoul évêque à Metz et Pépin dit le vieux.
Clotaire ne pouvait certes les choisir mieux,
Et de son dévouement donner de meilleurs gages.

———

— *An 626* —

Dagobert vint passer quelque temps à Clichi,
Sa maison de plaisance, et, de soins affranchi,
Au milieu de sa Cour, en cette solitude,

———

(*) Clotaire avait eu pour femmes Haldetrude, mère de Dagobert.
Bertrude, mère de Caribert. Sa troisième femme était Sichilde, qui était
Reine alors.

(**) Dagobert avait alors vingt ans.

Tout entier à l'amour, épousa Gomatrude (*).

— *An 626* —

A son retour à Metz ses États sont troublés
Par les peuples Saxons, en armes assemblés,
Qui, voulant profiter de sa grande jeunesse,
Font déclarer au Roi, par Ambassade expresse,
Qu'ils ne payeront plus le tribut qu'ils devaient.
    Bertould, Duc des Saxons, et ceux qui le suivaient
Tombent sur Dagobert, avec tant de prestesse
Que le Prince Français a son casque fendu, (**)
Quelques cheveux coupés et qu'on le croit perdu.
La bataille finie, le Roi pense à son père ;
Il lui fait adresser une instante prière
De venir le sauver du cruel embarras,
Où viennent de le mettre, à l'instant, les combats.
Il fait l'envoi du casque, un très touchant poëme,

(*) Gomatrude, sœur de la Reine Sichilde.
(**) Fendu d'un coup de sabre qui lui coupa quelques cheveux.

Qui prouve clairement l'effet du sabre même
Et montre à tous les yeux le danger encouru.
   Clotaire, aux bords du Rhin est bien vite accouru,
S'avance vers Bertould, qui, saisi d'épouvante,
S'enfuit, en redoutant la vengeance éclatante.
Mais le Roi, furieux, excite son cheval,
Poursuit son ennemi, lui porte un coup fatal,
Qui fait tomber la tête, effrontée et rebelle,
De celui qui devait avoir une fin telle,
Du Duc, dont les Seigneurs éprouvent même sort.
   De même ses soldats sont tous frappés de mort.
   L'affreuse boucherie, acharnée, incessante,
Cause dans ce pays une extrême épouvante.

— An 628 —

De Clotaire, Roi seul, c'est le dernier exploit.
Ce Roi faible, cruel, était brave, on le voit.

— An 628 —

Vers ce temps il mourut, en la force de l'âge.

Il fut très regretté (*) plus habile que sage. (**)

––––––

(*) Il avait quarante-cinq ans quand il mourut. Il fut enterré dans l'Eglise de St-Germain des Prés à Paris.

(**) On doit à Clotaire le code des lois allemandes, qui furent rédigées et mises par écrit dans un parlement de 32 évêques et de 44 ducs, assemblés sous ses ordres. Il avait l'esprit orné, aimait les belles-lettres, se piquait de politesse et de galanterie. Sa complaisance pour le beau sexe alla jusqu'à l'excès. On lui reproche encore qu'il aimait trop la chasse.

DAGOBERT.

— An 628 —

À la mort de Clotaire, aussitôt Dagobert
Fait tout pour régner seul et frustrer Caribert
De la part d'héritage, à lui justement due.

En Neustrie, en Bourgogne il agit, se remue,
Ménage les esprits, cherche à gagner les grands,
Les suffrages du peuple alors très importants.

Pour appuyer ses vœux, il se forme une armée
S'avançant jusqu'à Reims et bientôt renommée.

Les seigneurs Bourguignons lui prêtent tous serments.
Et la Neustrie imite aussitôt cet exemple.
Toute opposition est nulle à ce sujet.
Caribert se contient, quoique peu satisfait.

Il reçoit cependant, comme faveur certaine,
Un modique Royaume, appelé l'Aquitaine.

Caribert très aimé, dans Toulouse (*) est donc Roi.

Aux Gascons révoltés, il impose sa loi

Et sait enfin, contre eux, remporter la victoire.

Il règne en Aquitaine, avec honneur et gloire.

Dagobert, au début, semblait un Roi parfait,

Rendait bonne justice. On l'admirait, en fait.

Bientôt, il visita presque toute la France,

Et chacun lui prouva pleine reconnaissance,

Comme il le méritait, dans ce temps, en effet.

(*) On lui donna le Toulousain, le Querci, l'Agenois, le Périgord, la Saintonge et tout ce qui est entre la Garonne et les Pyrénées. Mais on l'obligea de renoncer à toutes ses prétentions sur le reste de la Monarchie Française. Le Roi d'Aquitaine partit aussitôt pour ses nouveaux Etats, dont Toulouse devint la capitale.

Dagobert fit Paris, de France capitale
Ville qui redevint résidence royale.

Mais ici l'on vit naître un très grand changement,
Dans les mœurs de ce Prince, un vrai débordement.
Il n'était plus guidé par les conseils très sages
D'Arnoul, qui retenait tous ses libertinages,
Le saint Évêque dut le quitter désormais.
Voyant qu'il ne pourrait le redresser jamais,
Il se tint depuis lors en humble solitude.

Le Roi répudia la Reine Gomatrude.
Nautilde, la suivante, ou la fille d'honneur
De cette Souveraine, eut alors le bonheur

— An 628 —

De plaire à Dagobert, qui l'épousa de suite. (*)
Ce fut là le premier changement de conduite.
Mais cet engagement ne fixa pas longtemps

(*) A Rumilly, maison de plaisance près de Paris.

Les désordres du Prince et ses débordements.

   Emporté désormais par son humeur volage,
Par l'absence d'avis, la fougue de son âge,
Ce voluptueux Roi ne ménagea plus rien
Et sans nulle pudeur, n'admettant aucun frein,
Il put s'abandonner, sans aucune limite,
A toute passion déréglant sa conduite.

   Dagobert, d'autre part, mû par la vanité,
Défaut, qui fut bientôt, à d'autres ajouté,

— An 628 —

Entreprit un voyage, au sein de l'Austrasie.
Il y fit voir alors le luxe de l'Asie.
   La pompe de son trône éblouissait les yeux.
Tous ses habits royaux, riches et somptueux,
Au milieu de ses Cours de Bourgogne et Neustrie,
Le faisaient remarquer. Lui-même fut séduit,
Par un amour naissant, développé sans bruit.
Il ne put résister aux charmes d'une belle

Et d'une Austrasienne, une beauté nouvelle.
Ragnétrude épousa le grand Roi Dagobert,

— *An 628* —

Et lui donna pour fils le Prince Sigebert.

———

Ce n'était encor là que le simple prélude
De ses déréglements. L'historien élude
D'en faire, de nos jours, le seul dénombrement.
On lui vit, à la fois, trois Reines le charmant,
Prenant la qualité d'épouses légitimes ;
Elles étaient, dit-on, sans nombre assurément.

———

Un désordre en fait naître encore d'autres pires,
Auxquels le narrateur doit aussi ses satires.
Les trésors du Monarque épuisés par les frais,
Qu'entraînèrent bientôt des désordres secrets,
Ne purent se remplir que par impôts extrêmes,
Dont il dut accabler tous ses sujets eux-mêmes.
Il ne respecta plus, de l'Eglise, les biens

Et les considéra beaucoup trop comme siens.

Il est peut-être encore à propos qu'on dépeigne
Le luxe de ce temps, le luxe de ce règne.
L'or et les diamants, de toute part brillaient,
Et du grand Saint Eloi les chefs-d'œuvre naissaient.
Ce grand homme, à la Cour, fit en orfèvrerie
Des ouvrages prouvant un immense génie.
Il avait, pour Clotaire, un jour, fait un fauteuil
D'or massif, bien entier. Il reçut noble accueil
A la Cour de ce Roi ; mais le comble du faste
Est ce trône massif, d'or et de grandeur vaste,
Sur lequel Dagobert parut un jour, assis,
Dans un Conseil brillant des Seigneurs, à Paris.

Saint Eloi, trésorier, ami, ministre même,
De ce Roi, Dagobert, poussa son art suprême
Jusqu'à faire tour d'or, avec mille ornements,
Des châsses, (*) que l'Eglise admire de nos temps.

(*) Entre autres celles de Saint-Germain des Prés, Saint-Séverin de

De riches bas-reliefs, de finesse infinie,
Prouvent encor son goût, dans l'art d'orfévrerie.

Le peuple cependant gémissait accablé,
Sous une oppression qui l'avait affolé.
Les Ministres alors devinrent responsables
De tant d'exactions et de faits condamnables.
Le vertueux Pépin fut, le premier, l'objet
D'une haine publique extrême à ce sujet.

Dans ce temps de désordre, il était, en la France,
Un sévère censeur, très craint en conséquence.

Jamais il ne flatta les défauts de son Roi
Et rien ne put troubler sa pleine bonne foi.

On fit tout pour le perdre : il triompha sans cesse,
Grâce à sa piété, sa vertu, sa sagesse.

St-Quentin, de St-Lucien, et de Sainte Geneviève. Le Roi se plaisait souvent à le voir travailler. Il l'honora de la charge de Monétaire, ou Surintendant des monnaies de France. Nous avons encore de lui de petites pièces d'or particulières. La piété de St-Eloi augmenta avec sa fortune ; il devint enfin Evêque de Noyon.

Caribert, au contraire, était aimé des siens
Et pour les rendre heureux, employait tous moyens.
La bonté, la douceur et la prudence extrême
De son gouvernement, firent repentir même
De l'injustice faite à tous ses premiers droits.
On n'entendait partout que cette seule voix.

— An 630 —

Mais une prompte mort l'enleva de ce monde
Et remplit ses Etats d'une douleur profonde.
Chilpéric, son cher fils, le suivit de si près
Qu'on put attribuer ces deux tristes décès
A cette ambition et cette jalousie,
Dont l'âme du grand Roi restait toujours saisie.

———————

La France, quelque temps, eut cependant la paix,
Mais non sans déplorer de trop barbares faits.

———————

— An 633 —

En six cent trente-trois, cette paix fut troublée.
Le Roi se décida, dans certaine assemblée,
A faire couronner son seul fils Sigebert

Comme Roi d'Austrasie. Ainsi fit Dagobert,
Pour répondre aux souhaits des Austrasiens même,
Comme autrefois déjà, par un besoin extrême,
Ils avaient demandé Dagobert pour leur Roi,
Au temps où leurs voisins voulaient faire la loi.

   Sigebert, à trois ans, porte donc la couronne,
Et l'on fait tout ce que la pompe alors ordonne.

   A sa cour, sont fixés *revenus* suffisants
Pour soutenir son faste et tous ses droits naissants.

   On met, auprès du Roi, deux hommes prudents, sages,
Cunibert, (*) Adalgise, hauts et puissants otages,
Qui répondaient du sort du Prince de trois ans.

————————

— *An 631* —

   A quelque temps de là, Nantilde, revenue
En grâce auprès du Roi, grâce très bien reçue,
Donne au Roi Dagobert un héritier, un fils,
Un jeune Prince aimé, que l'on nomme Clovis.

————————

(*) Cunibert, évêque de Cologne, Adalgise, Duc du Palais d'Austrasie.

— An 634 —

La crainte que ce Prince eût rudes destinées,
Comme en eut Caribert, par d'injustes menées,
Fit que le Roi voulut que Clovis eût pour part
De sa succession, qu'il fixait sans retard,
Les Etats de Bourgogne et ceux de la Neustrie,
Laissant à Sigebert, en entier l'Austrasie,
Ainsi que l'Aquitaine. — On régla ce traité
Qui, de tous les Seigneurs, fut depuis respecté.

— An 635 —

Dagobert se montra très sage, très docile,
Soumis aux bons conseils de son ministre (*) habile,
Quand il fallut, pour lui, réprimer les Saxons
Et, quelque temps, après, vaincre aussi les Bretons.

(*) C'est à St-Eloi que l'on dut particulièrement la paix faite avec les
Bretons. Ce vertueux Evêque de Noyon fut envoyé pour traiter avec
Judicaël, Duc des Bretons, et il sut si bien profiter de la défaite des

Dagobert assura quelque paix à la France ;
Mais il n'en put avoir longtemps la jouissance.

— An 638 —

Il mourut dans son lit, ayant trente-six ans.

———

— An 632 —

A Dagobert on dut la puissante Abbaye
De Saint-Denis, qui fut par lui tant enrichie.

— An 638 —

C'est là qu'on l'enterra. — L'un des beaux monuments
Du règne de ce Roi, ce sont ses réglements,
Ses lois, dont le recueil fut pour la France entière
Un bienfait éclatant, de très vive lumière.

———

Saxons, qu'il amena le Duc Breton à se soumettre également et à reconnaître Dagobert pour son Seigneur.

CLOVIS II.

___

— *An 638* —

Nous allons maintenant voir régner, désormais,
Par leur ambition, les Maires du Palais.
  Auprès du Roi Clovis, Œga, Maire en Neustrie,
Pour Sigebert, Pépin, Maire de l'Austrasie,
Sages, prudents tous deux, et de reproche exempts,
Furent très estimés, dans leur charge, en ce temps.
Leur conduite toujours fut fidèle et loyale,
Ils protégèrent bien la puissance Royale,
Sans opprimer les gens. Leur grande habileté
Sut faire respecter, des Rois, l'autorité.

___

L'union, entre eux tous, se maintenant très grande,
Pépin fit accepter sa bien juste demande
D'un partage loyal des trésors du grand Roi.
  Nautilde en eut le tiers, comme voulait la loi,
Sigebert et Clovis eurent leur tiers de même,

— An 639 —

Ce partage fut fait avec un soin extrême

— An 640 —

Et peu de temps après, Pépin, Œga, tous deux
Moururent estimés et vénérés au mieux :
Mais tous les successeurs de ces Maires fidèles
N'eurent pas leurs vertus si louables, si belles.

    Erchinoalde Maire auprès du Roi Clovis,
Dont il était parent, fit comme pour son fils ;
    Le fils de Pépin * Maire, héritant de ses pères,
En homme ambitieux traita seul les affaires.

— An 654 —

    Segebert mourut jeune et son fils disparut.
L'Austrasie, en entier, à Clovis *seul* échut,
Qui devint, dès ce jour, l'unique Roi de France.
Puis ce Roi, nous dit-on, fut atteint de démence. (**)

(*) Grimoald fils de Pépin.

(**) La Reine Nautilde, mère des deux petits monarques, recommandable pour ses vertus et ses talents, était le lien entre les Maires de ses deux enfants. Elle cessa de vivre trop tôt pour ses fils dont elle tâchait de soutenir l'autorité et de former les mœurs. Privé de ses conseils, Clovis s'abandonna à ses désordres qui l'ont fait soupçonner d'aliénation.

— An 656 —

Il avait, en mourant, près de vingt et un ans,
Et laissait, pour régner, ses trois jeunes enfants. (*)
Bathilde, belle, jeune et très pieuse Reine,
Après Clovis, devint suprême Souveraine.

En Neustrie Ebroïn fut Maire du Palais ;
Mais la Reine Bathilde, agissant désormais,
Sut prendre tout d'abord une sage influence
Et par son dévouement faire un grand bien en France,
Contribuer surtout, par sa seule douceur,
A procurer encor quelque temps de bonheur.

De ces Rois au berceau, Clotaire eut la Neustrie,
Childéric, le second, fut Roi de l'Austrasie ;
Thierri, se vit forcé d'attendre quelque temps,
On ne pouvait, pour lui, rien aux commencements.

(*) Clovis avait épousé Bathilde, Princesse d'une beauté rare, qui joignit à la beauté le charme de l'affabilité et une conduite sans reproche. Elle donna trois fils à son époux : Clotaire, Childéric et Tierri.
Clovis fut enterré à St-Denis.

CLOTAIRE III.

— An 656 —

Clotaire, sur le trône, avait cinq ans à peine ;
Mais tout était conduit sagement par la Reine.

Ebroïn, homme adroit, vaillant, ambitieux,
Cruel, perfide, avare et surtout orgueilleux,
Sut cacher, dès l'abord, ses vices redoutables
Et suivre les desseins pieux et charitables
De la Reine Bathilde, attentive à veiller
A tout ce qui pouvait, en bien, émerveiller,
La réforme des mœurs, l'intérêt de l'Eglise,
Le soin des malheureux, toute sainte entreprise.
De même, en Austrasie, on vit, pour quelque temps,
La paix se soutenir, par ces bienfaits constants.

A la Cour de la Reine, étaient des personnages
Habiles, bienfaisants, très vertueux et sages.

La France eut donc alors quelques jours de bonheur.
La Régente Bathilde en fut surtout l'auteur,

Mais Ebroïn enfin se montrant moins traitable,
Ne voulant pas laisser à cette Reine aimable,
Un pouvoir qu'il cherchait à conserver pour lui,
Créa tant d'embarras, d'affaires et d'ennui
A la sainte Bathilde, en ce temps désolée,
Que la paix fut bientôt de tous côtés troublée.

La régente laissa le pouvoir en entier
Au Maire, qui reprit son caractère altier.

— An 665 —

Elle se retira dans le couvent de Chelles, (*)
De ses fondations l'une des plus nouvelles.

Dès lors tout le Royaume, en prise aux passions,
Qui, du Maire Ebroïn, règlaient les actions,
Ne vit plus qu'injustice, oppression suprême,
Vexations sans cesse et tyrannie extrême.

Ebroïn défendant aux Seigneurs, comme à tous,
De paraître à sa Cour, excita leur courroux
Et fut, dès ce moment, haï de tout le monde.

(*) Elle y mourut en 685 ; l'Eglise l'a reconnue pour Sainte.

— *An 670* —

Clotaire, à dix-neuf ans (infortune profonde !)
Mourut et sans enfants. Etait-il marié ?
Aucun Historien ne l'a certifié (*).

Ebroïn, présumant qu'il ne serait plus Maire,
S'il se faisait élire à la mode ordinaire,
Mit Thierri sur le trône. Il le proclama Roi
De Bourgogne-Neustrie et sans nulle autre loi.
Les Seigneurs révoltés accordent la couronne
A Chilpéric, lui seul. Leur grand Conseil ordonne
Que le Maire Ebroïn sera mis à Luxeuil, (**)
Rasé, déclaré Moine et que le même accueil
Serait fait à Thierri (***) que l'on rasa de même
Et lequel ne fut Roi qu'à son rang de troisième.

———

(*) Les uns veulent qu'il ait été enterré dans l'église de l'abbaye de Chelles, d'autres à St Denis.

(**) Au couvent de Luxeuil.

(***) Il fut forcé d'attendre à Saint-Denis et d'y laisser croître ses cheveux.

CHILDÉRIC II.

— *An 670* —

Childéric, élu seul, n'avait que dix-huit ans.
Il consacra d'abord ses soins et tout son temps,
A bien récompenser ceux à qui sa personne
Devait le grand honneur d'une double couronne.
Léger, son allié, noblement avait fait,
Comme évêque d'Autun, tout ce qu'il lui devait.
Le Roi lui témoigna grande reconnaissance
Et le nomma Ministre, avec toute puissance.
L'administration, confiée à ses soins,
S'étendait presque à tout, veillait à tous besoins.
Son crédit fut extrême ; il réforma de suite
Mille abus désolants, objets de sa poursuite,
Il s'appliqua surtout à faire sages lois,
Pouvant mieux assurer la puissance des Rois,
S'ils eussent eu d'abord la force, le courage
D'agir avec vigueur, de régner d'avantage.

Bientôt s'évanouit le consolant espoir
D'un règne sage, heureux, qu'on aimait à prévoir.
Les Seigneurs ayant vu qu'on sapait leur puissance,
Surent n'épargner rien pour faire résistance,
Pour corrompre les mœurs du Monarque indolent,
Se faire souverains de ce Roi nonchalant,
Le conduire aux excès, à la fainéantise,
A des actes cruels, inouïs de sottise.

En vain, Léger, son guide et son seul protecteur,
Voulut être pour lui, conseiller et censeur.

Le Roi ne pouvait plus écouter la prudence.
Il fit même, en ce temps, une telle alliance,
Que Léger dut blâmer l'imprudent Souverain,
Espérant l'amender. Mais tout fut dit en vain.

Le saint Evêque fut mis dans un Monastère (*)
Et Childéric, alors, sans nul censeur sévère,
Tomba dans le mépris et fut assassiné,

— *An 673* —

Lui, la Reine, son fils Dagobert, dernier né.

(*) Celui de Luxeuil.

Un autre fils restait, échappé du carnage,
Daniel, que l'on verra Souverain d'un autre âge,
Sous nom de Chilpéric. — Ainsi périt ce Roi (*)
Qui ne connut jamais pour lui, ni frein, ni loi.

(*) Il fut enterré à St-Germain-des-Prés. Bien des siècles après, on trouva, en travaillant aux réparations de cette Eglise, deux tombeaux, l'un d'homme, l'autre de femme. L'inscription qui portait le nom de Childéric, quelques ornements royaux, un diadème d'or, un petit coffret qui enfermait le corps d'un enfant, ne laissèrent aucun doute que ce ne fût la sépulture de ce Monarque, de la Reine *Bilichilde* son épouse et du Prince Dagobert leur fils.

THIERRI III.

— An 673 —

Après l'assassinat, survint une anarchie,
Qui fait trouble profond dans notre Monarchie.
Léger regagne Autun, puis la Cour de Thierri,
Qui le reçoit alors, comme un ange chéri.
Leudesie (*) est fait Maire. — Ebroïn se retire,
Accourt en Austrasie et, de ce lieu, conspire
Contre le nouveau Roi, le Maire du Palais,
Et tous les grands Seigneurs, qu'il serre de très près.
La Cour du Roi s'enfuit, et vers Amiens arrive,
Son trésor est pillé. La crainte est excessive.

(*) Le premier soin du Prélat fut de faire élire un Maire du Palais. Le choix tomba sur Leudésie, fils d'Erchinoalde. — Cette élection déconcerta Ebroïn qui leva une armée contre Léger, contre le Roi, dont la Cour se trouvait alors à Verneuil. Cette armée s'avança jusqu'à Nogent près de Verneuil.

Le pays ravagé déplore un pareil sort.
Le vainqueur craint pourtant de se voir le moins fort.
Il recourt à la ruse, attire Leudesie,
Qui n'apercevant pas le trait d'hypocrisie,
Accepte un rendez-vous et meurt assassiné.
Le terrible Ebroïn, là ne s'est pas borné.
Au Saint Prélat bientôt on enlève la vue,
Et la Cour de Thierri se trouve dépourvue
De son puissant appui, de son seul défenseur.
Thierri voit le danger, mais n'a pas le bonheur
De dompter Ebroïn, qui devient le seul Maire ;
Contre un sujet si fort, son Roi n'osa rien faire.
Le perfide Ministre, alors, fit publier
Amnistie et pardon : voulut tout oublier ;
Mais bientôt ordonna la sévère poursuite
Des Seigneurs qu'il cherchait à condamner de suite.
Léger fut immolé, subit mille douleurs,

— An 678 —

Et mourut accablé par ses persécuteurs.

— *An 680* —

L'Austrasie haïssait Ebroïn, à cette heure,
Elle le redoutait et pour cause majeure,
Tellement qu'on ne put se soumettre à Thierri,
Qu'on y nomma deux Ducs, dont l'un très aguerri,
Pépin, (*) l'autre Martin. — On prit vite les armes.
Les Ducs furent battus (**). — Partout graves alarmes.

Martin meurt à Laon. Pépin au loin s'enfuit,
Parvient à s'échapper et nul ne le poursuit.
Il demeure oppresseur de la cause Royale.

Le succès d'Ebroïn n'a plus rien qui l'égale :
Mais Ermenfroi l'attaque, et ce hardi seigneur
Fend la tête du monstre, en France, est un sauveur.

(*) Pépin le Gros, dit Pépin d'Héristal, du nom d'un palais qu'il avait sur le bord de la Meuse, un peu au-dessus de Liège. Quelquefois il est dit Pépin le jeune, par rapport à son aïeul Pépin le vieux. D'autres le nomment Pépin le vieux par rapport à son fils qui fut Roi sous le nom de Pépin le bref.

(**) A Leucofao.

Dès ce grave moment, Pépin, en Austrasie,
L'usurpateur Pépin, attaque la Neustrie,

— An 687 —

S'empare de Thierri, (*) se voit bientôt nommé
Seul Maire de l'Empire et partout proclamé.
   Pépin, à ce degré de la grandeur suprême,
Eut assez de réserve et de prudence même,
Gagna quelques respects des peuples et des Cours,
Qu'il ne pouvait garder et maintenir toujours.
La tyrannie alors, cessant, en apparence,
Chez les Français on vit renaître l'espérance.

———

(*) La victoire de Testri pour le parti de la révolution qui dominait alors, décida de l'Empire : elle ne laissa à Thierri que l'ombre de la Royauté. S'il eut des gardes ce fut, moins par honneur que pour s'assurer de sa personne. Renfermé à Maumaques, maison de plaisance sur l'Oise, entre Compiègne et Noyon, il n'en sortait que pour se rendre aux assemblées publiques, monté sur un chariot traîné par des bœufs. C'était un équipage de distinction destiné pour les Reines, mais inconnu jusqu'alors aux descendants du grand Clovis. Ce sera désormais le sort de

' Les rebelles Germains, les Saxons ennemis,
Aux armes des Français furent bientôt soumis.
Partout, en cet instant, nous sourit la victoire.
Les efforts valeureux ne furent pas sans gloire.

———

— *An 691* —

Le Roi Thierri mourut (*) ayant trente-neuf ans.
Clotilde était la Reine. Ils avaient deux enfants : (**)
Clovis et Childebert, qui tous les deux règnèrent.
Ou soit bien plutôt dit, prisonniers demeurèrent.

———

ses successeurs, jusqu'à ce que le petit-fils de Pépin ose franchir l'espace immense qui est entre le trône et l'état de sujet.

(*) Il fut enterré à Arras.

(**) Suivant quelques auteurs, ils en avaient même un troisième appelé Clotaire, et d'où provint un jeune Prince du même nom, que, dans la suite, Charles Martel jugea convenable de montrer *pour Roi* aux Austrasiens sous le nom de Clotaire IV. (Voir page 181).

CLOVIS III

Clovis avait onze ans. — Pépin chef souverain

— An *691* —

Eut très facilement partout la haute main,
Clovis fut couronné, comme Roi de Neustrie,
Mais on ne nomma point de Roi pour l'Austrasie.
    Pépin, en Maire, Prince, ambitieux surtout,
En tyran de la France, alors domine tout.

— An *695* —

Clovis meurt à quinze ans. Son frère lui succède.
Pour ce Roi de douze ans, comme avant l'on procède.
Les succès de Pépin vont toujours en croissant.
Au milieu de sa Cour, il règne tout-puissant.

CHILDEBERT III.

— *An 695* —

Childebert sur le trône, et sans puissance aucune,
Ne créait à Pépin nulle affaire importune.
On fit Duc de Bourgogne, un des fils de Pépin,
Et Maire de Neustrie, on fit l'autre bambin. (*)
L'aîné mourut bientôt, l'autre en eut l'héritage,
Grimoald et le Roi, tous deux avaient même âge.

Pépin ne pouvait pas allier rien de mieux,
Ce procédé de paix, certes, était heureux.
Aussi l'ambition une fois satisfaite,
Pépin, pour s'assurer félicité parfaite,
Répudia sa femme (**), et donna ses instants

(*) Grimoald, second fils de Pépin, Maire du Palais de Neustrie auprès du Roi, avait douze ans.

(**) Il répudia, dit-on, sa femme Plectrude, pour épouser Alpaide, dont il eut, vers 691, un fils si connu depuis sous le nom de Charles Martel.

A des amours nouveaux, peut-être plus constants.
D'Alpaïde naquit Charles Martel, lui-même,
Qui nous fera bientôt un changement extrême.

— *An 711* —

Agé de vingt-huit ans, Childebert expira.
Son seul fils (*) Dagobert, au Roi succèdera.

(*) On ignore le nom de la Reine femme de Childebert.

DAGOBERT II.

— An 711 —

Dagobert, couronné, comme Roi de Neustrie,
Avait à peine onze ans. Dans ce temps la patrie
Etait dans un état bien triste, bien affreux.
Pépin continuait ses desseins malheureux.
Il dominait partout : mais il devint malade. (*)
Grimoald, son soutien, surpris par embuscade

— An 714 —

Mourut assassiné. — Théodald (**) aussitôt

— An 714 —

Est nommé, par Pépin, au poste le plus haut :
Il est Maire du Roi. C'était une entreprise
Injurieuse à tous et, certes, non permise.
Les Seigneurs avaient eu, de tout temps, le pouvoir

(*) A Jupil, une de ses maisons de campagne, sur le bord de la Meuse,
vis-à-vis de son château d'Héristal.
(**) Théodald, le jeune fils de Grimoald.

D'élire à cet emploi : c'était donc leur devoir
De maintenir ce droit contre attentat semblable.
Mais en ce temps, Pépin, le Ministre intraitable,

— *An 714* —

Mourait de maladie et Théodald fut

— *An 714* —

Le Maire du Palais, comme Pépin voulut.
   Cet enfant, qui devait gouverner le Monarque,
Remplissait cet emploi, comme bien on remarque,
Sous la tutelle sûre et prudente à l'excès,
De Plectrude, une aïeule en proie à des accès
D'ambitieux désirs et de puissance extrême.
   Comme avait fait Pépin, elle fit elle-même.
   Elle voulut d'abord qu'on prît Charles Martel,
Qu'à Cologne (*), enfermé par son ordre formel,
Il ne pût désormais porter le moindre ombrage,
A cette ambition qu'elle avait d'héritage.
   Plectrude fut alors vrai Maire du Palais,
On ne le croirait pas, si moi seul le disais.

____

(*) Où elle faisait son séjour ordinaire.

Mais bientôt les Seigneurs de la noble Neustrie,
Honteux de voir tomber aussi bas la patrie,
Voulurent secouer le pouvoir d'une femme,
Vinrent à Dagobert présenter leur réclame,
Supplièrent le Prince, âgé de dix-sept ans,
D'écouter leurs avis, leurs valeureux accens.
    Dagobert, animé par un conseil si sage,
Devient plus confiant en son propre courage.
Il se forme une armée et marche à pas pressés
Vers les Austrasiens, qu'il surprend enfoncés
Dans la forêt de Guise. (*) Il en fait grand carnage
Et Théobald (**), peut à peine se sauver.

    Le Roi, par la vigueur, devait tout achever.
Il ne profita point d'une telle victoire
Et ne sut ajouter quelque chose à sa gloire.

(*) Aujourd'hui la forêt de Compiègne.
(**) Le petit-fils de Plectrude.

Il laissa rétablir un Maire du Palais,
Préférant, aux combats, le repos et la paix.
Rainfroi, dans la Neustrie, eut un emploi de Maire
Et jusqu'en Austrasie, il poursuivit la guerre ;
Mais il n'empêcha pas que les Austrasiens,
Rendant Charles Martel libre de ses liens
N'en fissent, de Pépin, l'héritier légitime,

— An 714 —

En l'appelant leur Duc, et de voix unanime,

———————

— An 715 —

Dagobert, tout à coup, mourut à dix-sept ans (*)
Et son seul fils Thierri, trop jeune dans ce temps
Pour être Souverain, fut obligé d'attendre.
Le fils de Childéric est ce Roi qu'on fut prendre,
Au fond d'un Monastère encore retiré.

— An 715 —

Daniel, dit Chilpéric, fut ce Roi préféré.

———————

(*) Le nom de la Reine sa femme est ignoré. Ce Roi fut enterré au Monastère de Choisy sur Aisne.

A quarante-cinq ans, ce Monarque était d'âge

— An 715 —

A braver sûrement la discorde et l'orage.

———

CHILPÉRIC II.

— *An 715* —

Chilpéric sur le trône, et que Rainfroi guidait,
Avait, pour gouverner, tout ce qu'on demandait.
Ils marchèrent tous deux pour vaincre l'Austrasie,
Et ramener la paix au sein de la Neustrie.

Rainfroi le seconda partout fidèlement,
Contre Charles Martel, lutta dès ce moment.

Forts des premiers succès de la cause Royale,
Animés tous les deux d'un feu que rien n'égale,
Après avoir vaincu le pays à demi,
Ils vinrent à Cologne, assiéger l'ennemi.
Mais Plectrude, arrivant, sut conjurer l'orage,
Et, donnant de l'argent, repoussa le pillage.

Chacun ne songea plus qu'à reculer au loin.

Chilpéric, le vainqueur, n'eut pas même le soin

De s'aller établir dans un camp redoutable,
Pour attendre, en repos, un moment favorable.
Il avait mis son camp dans sa maison d'Amblef (*)
Pour jouir du repos du plus imprudent chef.

———

Charles, bien plus habile, en cette circonstance,
Reforma son armée, en grande diligence.
Dans la forêt d'Ardenne, attendit le moment
Avantageux, pour lui, d'agir utilement.
L'imprudence du Roi lui parut favorable,
Amblef était partout, en effet, attaquable.
Au camp des Neustriens, Charles marche tout droit;
Nul homme, en sentinelle, en arme ne s'y voit.
Tout respire en ce lieu confiance parfaite,
La guerre à ce palais peut sans crainte être faite.
Charles s'empare donc d'Amblef en peu d'instants.

———

(*) Maison Royale sur la petite rivière de ce nom, près de l'abbaye de Stavelo.

Epouvante; saisit, ou fait fuir tous les gens.
La déroute fut telle, et telle la panique,
Que Chilpéric, Rainfroi, dans ce moment tragique,
Où chacun combattait, eurent peine à trouver,
Entre les assaillants, moyen de se sauver.

Cette victoire grave accrut la confiance
Des Chefs Austrasiens. Ceux-ci, pleins d'espérance,
Grossirent chaque jour le nombre des soldats,
Qui, sous Charles Martel, recherchaient les combats.

Bientôt Charles se vit en état de combattre,
Et vint jusqu'à Cambray. Chilpéric, pour le battre.
Le joignit à Vinchi. La bataille entre eux deux,
Laissa l'Austrasien partout victorieux.

Le Roi fut poursuivi jusqu'à sa Capitale, (*)
Où la lutte devait devenir générale.

Charles, voyant Paris bien armé contre lui,
N'osa l'inquiéter sans avoir plus d'appui.

____

(*) Jusqu'à Paris.

Du côté de Cologne, il dirigea sa route
Et Cologne, aussitôt, à lui se livra toute.
   Plectrude fut forcée, alors, par le vainqueur,
De livrer ses trésors les plus chers à son cœur (*)
Et ses trois petits-fils (**). Charles fut Duc et maître
   De toute l'Austrasie et se fit reconnaître.
   Pour la seconde fois, il avait tous pouvoirs
Et pouvoirs usurpés, contre tous ses devoirs.
Il n'osa cependant encore méconnaître
Qu'un des fils de Clovis, auprès de lui dût être.
Il nomma donc ce Roi. Tous les Austrasiens
Voulaient un descendant de leurs chefs anciens.

— *An 718* —

   Répondant à leurs vœux, il s'empressa de faire
Souverain un Thierri, qui fut nommé Clotaire. (***)

(*) Les trésors de Pépin.
(**) Ses trois petits-fils étaient Théodald, Hugues et Arnoul.
(***) Clotaire IV (voir la note page 169).

Rainfroi, dès qu'il apprit cette élévation,
Contre Charles Martel, se mit en action.
Il s'allia, d'abord, Eude, homme très habile,
Duc et Chef des Gascons, rebelle (*) mais utile,
Avec qui Chilpéric put marcher promptement,
Vers les Austrasiens, à vaincre en ce moment.
Avec un tel renfort, la victoire était sûre.
On ne parlait, en Cour, que de gloire future.

— *An 718* —

Mais bientôt ces espoirs sont des rêves profonds ;
On dit que l'ennemi s'avance vers Soissons.
Cette nouvelle met chacun en crainte extrême.
La consternation est vite telle, même,
Que Charles, paraissant, devient victorieux,
Sans avoir combattu l'un de ces glorieux.
Eude s'était enfui vers l'Etat d'Aquitaine,
Chilpéric le suivait (**), désolé Capitaine,

(*) Il se considérait comme Duc d'Aquitaine indépendant.
(**) Il resta réfugié auprès du Duc d'Aquitaine, Eude.

Emportant ses trésors. Rainfroi gagnait Angers,
Et tous deux échappaient aux plus cruels dangers.
   Le vainqueur poursuivit les fuyards vers la Seine,
Qu'il passa promptement et sans aucune peine.
Charles se présenta bientôt devant Paris,
Qui reçut de bon gré, ces Français ennemis.
   Prenant l'Orléanais, il conquit la Touraine,
Y força les seigneurs, sans discussion vaine,
A reconnaître ensemble, et sans aucuns combats,

— An 719 —

Clotaire pour le Roi de Bourgogne et Neustrie.
Il s'y fit proclamer lui-même, sans débats,
Maire, comme il l'était déjà dans l'Austrasie.

CLOTAIRE IV

— An 719 —

Ce Clotaire devint le seul Roi des Français,
Dont Charles se trouvait seul Maire du Palais.
Ce Monarque mourut (*) dans cette même année.
A quarante-neuf ans, finit sa destinée.
Il avait été Roi pendant moins de deux ans,
Roi, comme on les nommait, dans ces malheureux temps.

— An 719 —

Cette mort est suivie, alors, d'un interrègne,
Artifice du chef qui, pour quelque temps, règne
Et sonde les esprits, les dispositions
Des Français ses sujets, et d'autres nations.

Bientôt il s'aperçut que dans toute la France,
Le nom de Roi gardait toute son importance,

(*) On voit son tombeau à Coucy-en-Vermandois.

Etait très respecté, très cher aux bons Français ;
Que Maire il ne devait rester seul désormais.
Alors il envoya, vers le Duc d'Aquitaine,
Une Ambasade ayant la mission certaine
De lui redemander Chilpéric comme Roi.
    Eude le lui rendit et fit même l'envoi
De présents somptueux. Roi de la Monarchie,

— *Au 719* —

Devint donc Chilpéric ; et le Duc d'Austrasie
Fut le Maire acclamé pour tout l'Empire entier.
Mais, sous Charles Martel, tout dut alors plier.
    Encore quelque temps, l'usurpation nette,
Par cet ambitieux, sera faite complète.

CHILPÉRIC II DE RETOUR

— An 719 —

Tout paraissant au calme, et par fortes raisons,

— An 720 —

Charles Martel marcha contre tous les Saxons,
Qui troublaient constamment, en nation païenne,
Toute peuplade (*), à nous, alliée et chrétienne.
Il alla, combattit, revint victorieux.

C'est le dernier exploit, au moins le plus heureux,
Du temps de Chilpéric. Ce roi perdit la vie

— An 720 —

Pendant l'an sept cent vingt, atteint de maladie (**).
Il n'avait pas d'enfants. On prit pour successeur,
Le fils de Dagobert, Thierri, Prince mineur,
Ayant sept ans à peine et surnommé de Chelles (***).
La France alors s'acquit des gloires immortelles.

———

(*) Les Bruotères, les Attuariens, les Gattes et les Thuringiens.
(**) Il tomba malade et mourut à Noyon où il fut enterré.
(***) Du nom du lieu où il avait été élevé.

THIERRI IV, de CHELLES.

— An 720 —

Thierri succède donc, comme on vient de le voir,
A l'énorme puissance, à l'unique pouvoir,
De Maître Souverain en Bourgogne et Neustrie,
Etats auxquels se joint encore l'Austrasie :
Et Charles continue à régner sous ce nom,
Sous lequel il s'acquit ce bien juste renom
De grand guerrier, sauveur des destins de la France,
Que protégea si bien son immense prudence.

Charles à peine avait triomphé des Saxons,
Qu'il se vit obligé, pour de graves raisons,
De combattre au plus tôt les Allemands eux-mêmes.
Par son habileté, par tous ses soins extrêmes,

— An 725 —

Il les défit bientôt ; il prit riche butin :

— An 725 —

Puis eut pareils succès, contre un peuple voisin,
Celui des Bavarois : et le Duc d'Aquitaine,

— An 730 —

Ayant rompu la paix, subit la même peine.

Les Sarrasins, alors, partout victorieux,
Se ruaient sur la France, aguerris et nombreux.
Déjà même ils étaient entrés dans l'Aquitaine
Et menaçaient de prendre, en peu de temps, Paris,
Qu'ils devaient saccager, comme pays conquis.
Certes c'en était fait de notre France entière
Si Charles n'eût été d'une valeur guerrière
Telle qu'on n'en avait jamais vu dans ce temps.
La valeur qui devait, en de très courts instants,
Foudroyer, au complet, ces hordes innombrables
De Sarrasins unis en troupes indomptables.

— An 732 —

Charles marcha contre eux, les défit à Poitiers ;
De leurs morts on compta trois cent mille guerriers,
Mais quinze cents des Francs, au plus, alors périrent.
Du surnom de Martel, tous les Français bénirent
Leur intrépide chef, habile à les sauver,
Et qui, du même coup, venait de s'élever,

Météore éclatant, devant l'Europe entière,
Pour la sauver aussi de la même manière.
   La grandeur de l'Arabe, à Poitiers expirait,
Et, par Charles Martel, l'Europe respirait. (*
   Aux armes du vainqueur, Charles partout le maître,
La Bourgogne bientôt, ainsi que les Frisons,
L'Aquitaine, deux fois, pour d'autres trahisons,
Lyon, Arles, Marseille, eurent à se soumettre.
   Pacifiant la France, il fixa, sous sa loi,
Ses rebelles sujets, n'ayant ni loi, ni foi,

(*) La bataille se donna entre Tours et Poitiers, en 732. On combattit un jour entier; mais enfin le nombre céda à la valeur. Abdérame fut tué et son camp pillé. On y trouva des richesses immenses. Charles les fit distribuer à ses troupes. On porte à 375,000 le nombre des Sarrasins étendus morts sur le champ de bataille, tandis que Charles ne perdit que 1500 hommes. Cette victoire lui valut le surnom de Martel, parce qu'il avait, comme un marteau, écrasé les Sarrasins. Ce fut le terme fatal de la grandeur des Arabes, l'affermissement de l'autorité du Duc Austrasien, la conservation de la France, le salut de l'Europe et de toute

— *An 737* —

Thierri vint à mourir, au milieu de ces gloires. (*)
Il avait vingt-trois ans, quand toutes ces victoires
Terminèrent ce règne, où le Maire s'acquit
Tant de succès partout, d'honneur et de crédit.

———

Charles voyant alors sa puissance établie,
Puissance, qu'au loin même aucun peuple n'oublie,
Ne veut pas accepter aucun Roi près de lui,
Et ne recherche plus ce qu'en pensait autrui.
Le trône va rester, pendant très longtemps, vide,
Tant du pouvoir entier Charles se montre avide.

———

la Chrétienté. Après cette célèbre victoire, Charles institua l'ordre du chevalice, si connu sous le nom de la Genette, composé de 16 chevaliers, etc.

(*) On croit que Thierri IV fut enterré à Saint-Denis.

INTERRÈGNE

Charles avait été le sauveur de l'État ;

— An 737 —

Son règne avait brillé du plus splendide éclat.
Il dépendait de lui de prendre la couronne
Qui lui semblait, à lui, bien due à sa personne.
Il n'osa cependant se faire nommer Roi,
Cet acte paraissait lui causer de l'effroi.
Le respect des Français pour la maison royale
Fut, pour Charles Martel, la cause principale
Qui lui fit conserver le pouvoir absolu,
Sans prendre nom de Roi, comme il l'aurait voulu.
   Les Seigneurs, d'autre part, n'eurent point le courage
De demander un Roi de l'auguste lignage.
   Charles gouverna donc, comme Duc des Français
Et conserva, pour lui, ce titre désormais.

Cette mort de Thierri suspendit les affaires.
Les Sarrasins vaincus devinrent adversaires ;
Par eux Arles fut prise : il fallut les punir ;
Cette rébellion menaçait l'avenir.

Charles n'eut qu'à paraître et tout rentra dans l'ordre.
Cet exploit arrêta tout désir de désordre
Et le calme, partout, étant bien rétabli,
Le retour de la paix fut enfin accompli.

Les Maures de l'Espagne, alors, restant tranquilles,
Tous les peuples voisins furent moins indociles.
L'heureux Duc put jouir de sa gloire en repos,
Redoutable au dehors, dans la France un héros,
L'ami de ses guerriers compagnons de sa gloire,
Très respecté des grands, chéri de la victoire ;
Mais une maladie, usant tous les ressorts
Que, chez ce Prince, avaient ruiné tant d'efforts,
Ses forces, chaque jour, déclinant à l'extrême,
Il voulut établir ses successeurs lui-même.

De Rotrude, sa femme (*), il avait trois enfants :
Carloman et Pépin, Hildetrude sa fille,
Et d'un second hymen ** il avait, dans ce temps,
Un autre fils, Grifon, complétant sa famille.
Il fit à Verberie (***) assembler ses Seigneurs
Et, d'accord avec eux, fixa ses successeurs **** .

    A Carloman, échut Allemagne, Austrasie ;
A Pépin, la Bourgogne et Provence, Neustrie.

    Faible part fut donnée au dernier fils, Grifon,
On ne peut sûrement en donner la raison.

    Ce partage causa quelque trouble en Bourgogne,
Mais il fut apaisé; ce fut courte besogne.

(*) Rotrude, sa première femme, était Austrasienne.

(**) Sa seconde femme était Sonnichilde, nièce d'Odilon, Duc de Bavière.

(***) Verberie était sa maison de plaisance, près de Compiègne.

(****) Mais sans leur donner le titre de Roi, qu'il n'avait pas pris lui-même.

— An 711 —

Charles vint à Paris, puis mourut en ce temps,
A Quersi, bourg sur Oise. — Il avait cinquante ans.
Il fut, à Saint-Denis, enterré dans l'Eglise
Et reçut, de ce fait, très noble garantise.

— An 742 —

Grifon et Sonnichilde, au temps de cette mort,
Croyant avoir des droits à bien plus heureux sort,
Troublèrent, un moment, le repos de la France.

Craignant, de ces désirs, la fàcheuse influence,
Sonnichilde fut mise à l'Abbaye de Chelles,
Grifon fut enfermé dans un château fameux. (*)
Tous deux furent traités comme Princes rebelles.

— An 742 —

Le fils (**) de Grimoald, pour ses prétentions,
Fut sacrifié sans indécisions.

(*) Le château de Neufchâtel proche des Ardennes.
(**) Théodald, fils de Grimoald.

— An 742 —

Les deux Princes bientôt soumirent l'Aquitaine
Qui, malgré les traités, se croyait souveraine :
Ensuite Carloman, ayant passé le Rhin
Et jusques au Danube, avancé même enfin,
Vainquit les Allemands, qui, devant sa puissance,
Firent soumission jurant obéissance.

— An 742 —

C'est alors que naquit Charles, fils de Pépin [*],
Au château de Sallzbourg, sis auprès de Mayence,
Ce Charles, qui reçut, pour ses hauts faits nombreux,
Le nom de Charlemagne, à jamais glorieux.

Tant de succès laissaient cependant les deux frères
Exposés, chaque jour, à d'incessantes guerres,
Contre divers Etats, ou Princes factieux,
Tributaires des Rois, mais révoltés contre eux.
Ils ne voulaient jamais obéir à des Princes,
Abusaient du pouvoir, épuisant les Provinces,

(*) De Pépin et de Berthe, ou Bertrade, surnommée *au grand pié*, fille
de Charibert, Comte de Laon.

Opprimant les seigneurs, après avoir brisé
La puissance des Rois, qui n'en avaient usé
Qu'avec bonté pour tous, sans fantaisie hautaine.

   Par toutes ces raisons, et pour calmer leur haine,
Pépin se décida, quel que fût son règne,
A clore l'interrègne, en face d'un tel fait.

   Il fit monter au trône, encor un jeune Prince,
Qui, de pouvoir de Roi, n'aurait que le plus mince.

   Ce fut un Childéric [*], le fils du dernier roi ;
Mais l'Austrasie, alors, refusant cette loi,
Resta sous le pouvoir de Carloman lui-même,

   — An 742 —

Qui s'y fit gouverneur et souverain suprême.

---

[*] Childéric III, fils de Thierri de Chelles, fut roi de la Neustrie, Bourgogne et Provence seulement. Carloman gouverna l'Austrasie en souverain.

CHILDÉRIC III.

Les Princes étrangers qui payaient le tribut,

— An 742 —

Avaient, à chaque instant, pour continuel but
De ne plus obéir aux Princes de la race
Du Duc Charles Martel. Tous, révoltés en masse,
Furent par Carloman et Pépin à la fois,
Attaqués, châtiés et soumis à leurs lois.

— An 743 —

Les Allemands d'abord, les Bavarois ensuite,
Furent défaits, forcés, par instante poursuite,
De demander la paix, de se rendre à merci.
Le Duc Théodoric (*) eut même sort aussi :
Carloman le vainquit. Hunauld, Duc d'Aquitaine,
Jura fidélité, cette fois, plus certaine.

— An 747 —

Allemands et Saxons de nouveau révoltés.
Furent, par les Ducs Francs, encore maltraités.

(*) Duc des Saxons.

Ce fut, pour Carloman, sa dernière victoire :
Obligé de sévir, dégoûté de la gloire,
Il prit l'habit de moine et place au Mont-Cassin, (*)
Recommandant ses fils à son frère Pépin,
Qui les fit raser tous et mettre au monastère,
Oncle, pour ses neveux, cruellement sévère.

Pépin prouva dès lors à tous, ouvertement,
Qu'il aspirait au trône. Alors, très prudemment,
Il rendit franc et libre, et satisfit son frère ;
Grifon, de biens comblé, vit son sort plus prospère.
Pépin fut occupé du soin de rendre heureux
Tous ceux qu'avait vaincus ce Duc ambitieux.
Il rendit mieux justice et protégea l'Eglise.
Toute rébellion fut punie et soumise.

(*) Il mourut dans ce couvent, en 754.

— *An 747* —

Dans cet état de gloire et d'extrême grandeur,
D'une élévation à si grande hauteur,
De respect général et de puissance acquise,
Il voulut sûrement se faire nommer Roi.
Mais Grifon, insoumis, on devine pourquoi,
S'échappe et, des Saxons, excite la vengeance.
Contre ces révoltés, Pépin vite s'avance,
La Saxe est saccagée et Grifon, fugitif,
Passe dans la Bavière, où Pépin, très actif,
Le poursuit, le combat, fait prisonnier son frère,
Mais se montre pour lui très doux et non sévère.
Il lui donne Le Mans et douze autres Comtés,
Le comble, cette fois, de toutes les bontés.
Cet acte généreux ne peut être capable
De toucher, de Grifon, le cœur très intraitable.
    Grifon s'enfuit encore et vole, cette fois,
Près du Duc d'Aquitaine, au calme toutefois.

Pépin reprend alors le projet qui le flatte ;
Mais un obstacle, ici, paraît et se constate :
Les Français avaient tous juré fidélité
A leur Roi Childéric. — Cette difficulté
Est très amiablement tranchée et se dénoue.
Childéric, généreux, de bon gré se dévoue :
Il se consacre à Dieu. — Son abdication
Rend, au peuple Français, libre, toute action.

— *An 750* —

Pépin est élu Roi, d'une voix unanime,
Et, par ce fait Royal, il n'est nulle victime.
Chidéric fut rasé, tenu dans un couvent (*)
Où quatre ans il vécut, en homme très fervent.

— *An 750* —

Son fils nommé Thierri, dont on ne parle guère,
Dans un autre couvent ** mourut comme son père.

(*) De Sithieu, l'abbaye de St-Bertin, à St-Omer.
(**) A l'abbaye de Fontenelle depuis St-Vaudrille.

— An 752 —

Ainsi se termina, de nos Rois anciens,
Cette race du nom de Mérovingiens.
L'ambition a su, pour prendre leur couronne,
Déprécier, trahir leur Royale personne.

———

FIN DE LA PREMIÈRE RACE

SECONDE RACE

DITE

DES CARLOVINGIENS.

PÉPIN DIT LE BREF.

— An 752 —

Une race de Rois, nouvelle en ce moment,
Possède, des Français, tout le gouvernement.

Pépin est, à Soissons, couronné Roi de France.
Le saint Légat du Pape, Archevêque à Mayence, (*)
Bénit Berthe et Pépin, tous les deux à la fois,
Chacun les acclamant d'une commune voix.
La Cathédrale alors complètement remplie,
Pour la sainte onction, faisait fête accomplie.

(*) Saint Boniface, Archevêque de Mayence.

Cette cérémonie affermit le pouvoir
Que Pépin *, comme Roi, devait partout avoir.

Ce Souverain punit, dans sa prudence extrême,
Les peuples révoltés encor contre lui-même.
Il défit, de nouveau, les rebelles Saxons,
Les soumit au tribut ainsi que les Bretons.
Il fit, en se montrant, obéir à ses ordres,
Et s'en allait sévir contre d'autres désordres
Quand il apprit la mort de son frère Grifon,
Qu'on venait de tuer, lui certifiait-on,
Dans le val de Maurienne **. — Astolphe, en Italie,
Régnait sur les Lombards. — Dans ce temps il oublie
Les égards qu'il devait à son proche voisin,
Le Pape Etienne trois, vénéré Souverain.

(*) Pépin avait alors trente-sept à trente-huit ans.

(**) On ignore si ce fut par les émissaires du Duc d'Aquitaine qui poursuivait la vengeance des galanteries de ce Prince avec la Duchesse sa femme, ou par les gens de Pépin même, qui appréhendait qu'en passant en Italie il n'intéressât les Lombards dans sa querelle.

— An 753 —

Il soumet l'Exarchat, puis veut subjuguer Rome,
Capitale du Pape et que bientôt il somme
De se rendre à ses lois, menaçant de porter
Le fer, le feu partout et de tout dévaster.

Le Souverain Pontife, en ce cas difficile,
Eut recours à Pépin, en homme très habile.
Il lui fit demander une permission
De passer près de lui, pour sa protection.
Pépin y consentit. Le Pape vint en France,
Réclamant, de ce Roi, la puissante assistance.
Le Pape fut reçu de suite par Pépin,
Avec les tous les honneurs dus à ce Souverain.
A Pont-Yon (*) se fit l'importante entrevue.
Pour Pépin et le Pape, elle eut heureuse issue.
Etienne fut comblé des bons vouloirs du Roi,
Qui, d'Astolphe, brisa la condamnable loi.

(*) Pont-Yon, maison royale de Pepin dans le Perrois.

Puis le Roi fut sacré par le Pape lui-même.

Il acquit, de ce fait, une influence extrême.

   A Saint-Denis, Pépin eut encore une fois

L'honneur de recevoir cette onction des Rois.

   Pour la Reine et ses fils, [*] le Pontife de même

En ce jour solennel les sacra tous les trois [**].

— *An 754* —

Astolphe fut contraint, par la force des armes,

A rendre les Etats [***], source de tant d'alarmes.

Le Pape eut, par Pépin, libre possession

(*) Charles et Carloman.

(**) Le Souverain Pontife termina cette cérémonie par une excommunication qu'il fulmina contre les Seigneurs, qui, à l'avenir, songeraient à faire passer la couronne dans une autre famille ; et pour engager plus efficacement les Princes français à faire la guerre aux Lombards, il les déclara publiquement Patrices de Rome.

(***) Le Roi et les deux Princes ses enfants firent, du consentement des Seigneurs, cette célèbre donation à l'Eglise de St-Pierre de Rome, qui a donné commencement à la puissance temporelle de la Cour de Rome. Elle comprenait, sous le nom d'Exarchat : Ravenne, Adria, Ferrare, Imola, Fayence, Forli et six autres villes avec leurs dépendances ; et sous le nom de la Pentapole: Rimini, Pesaro, Fano, Sinigaglia et Antone, avec plusieurs autres petites places.

De l'Exarchat de Rome, avec addition
De ce qu'on appelait alors la Pentapole.

Ce triomphe valut à Pépin l'auréole
Qui brilla, dès ce jour, sur son front vénéré
Et lui fixa depuis un pouvoir assuré (*).
Pépin, au plus haut point de gloire et de puissance,
Vécut alors en paix sur le trône de France.
Didier devint, par lui, Souverain des Lombards,
Dont on lui fit donner le trône sans retards;
Le Pape lui devait grande reconnaissance.

— An 757 —

L'Empereur d'Orient (**), alors, briguait aussi
L'alliance d'un Roi qui, dans ce moment-ci,
Etait vanté, flatté par toutes les personnes,
Avec tant de pouvoir, disposait des couronnes.

(*) Un pouvoir royal assuré pour lui, pour ses enfants et leur postérité;
en un mot, la seconde race des rois de France était proclamée.

(**) Cet empereur envoya de magnifiques présents à Pépin, entre autres
une orgue; c'est la première qui ait paru en France. Pépin en fit don
à l'église de St-Corneille, à Compiègne.

— An 757 —

En un mot, maintenant Pépin était bien Roi,
Partout ainsi nommé, par tous, de bonne foi.

Tout Prince fléchissait sous le joug du Monarque.
Narbonne se soumit, après trois ans d'attaque.

— An 759 —

Seul, le Duc d'Aquitaine osa lui résister ;
Mais, contre lui, Pépin n'eut qu'à se présenter.

— An 762 —

Tout plia, fut soumis. — Un château formidable, (*)
Nommé, jusqu'à ce jour, forteresse imprenable,
Fut emporté d'assaut très glorieusement ;
Bientôt après, brûlé, rasé complètement :

— An 768 —

Et le Duc d'Aquitaine, errant, perdit la vie.
Par ses propres soldats, elle lui fut ravie.

Toutes ces attentions de Constantin Copronyme ne produisirent aucun effet. Le Prince Français y répondit par de grandes civilités ; mais il persista toujours à maintenir le Pape dans la possession de l'Exarchat et de la Pentapole.

(*) Le château de Thouars.

— An 768 —

Et sa principauté devint un des Etats,
A la France attachés, par ces derniers combats.

— An 768 —

Dans ce moment vaquait la chaire de Saint Pierre.
Le Souverain Français expirait accablé.
Par une hydropisie, il fut, de maux, criblé.
A Saint-Denis porté lors de sa dernière heure,
L'Eglise fut, pour lui, sa dernière demeure.

— An 768 —

Pépin mourut alors à cinquante-quatre ans,
Laissant tous ses Etats à deux de ses enfants. (*)

(*) Il avait épousé Berthe, surnommée *au grand pié*, fille de Charibert
Comte de Laon. Il en eut quatre fils : Charlemagne, qui lui succéda au
Royaume de Neustrie ; Carloman, qui régna sur l'Austrasie ; Pépin, qui
mourut âgé de trois ans ; Gilles, qui se fit religieux au Monastère de
Saint-Silvestre ; et trois filles : Rochaïde, Adélaïde et Gisèle. Les deux
premières moururent très jeunes ; la troisième prit le voile à l'Abbaye
de Chelles. L'Empereur la fit demander pour son fils aîné, et le Roi des

— An 768 —

Charles, à vingt-cinq ans, eut Bourgogne et Neustrie,
Carloman, à dix-huit, fut Roi de l'Austrasie.

— An 769 —

On couronna l'aîné, comme Roi, dans Noyon;
A Soissons, le cadet eut aussi l'onction.

Pépin eut le surnom que lui valut sa taille;
Mais son courage fut d'une extrême grandeur,
Il sut, à ce sujet, dissiper toute erreur.
A ses Leudes * moqueurs, un jour, par représaille,
Il prouva qu'aucun d'eux n'était alors de taille
A braver, comme lui, le péril le plus grand,
A prétendre jamais être son concurrent.

Lombards pour l'héritier présomptif de la couronne. Tous deux furent
refusés. Il y en a qui lui donnent encore cinq ou six autres fils et autant de filles, entr'autres : Berthe, qui fut mariée à Milon, comte d'Angers, père de l'invulnérable Roland, et Chitsrude, femme de René,
comte de Gênes, digne mère du fameux Oger le Danois.

(*) Leudes, c.-à-d. compagnons fidèles, seigneurs que le Roi avait
attachés à sa personne par des présents et qui avaient le privilège de
s'asseoir à la table Royale. (Voir page 90).

Il fit organiser une brillante fête,
Qui, pour remplir son but, lui paraissait parfaite :
Le combat d'un lion contre un fougueux taureau,
Qui, dans ce temps, était spectacle le plus beau,
Et semblait en effet réunir tout pour plaire.

Déjà le fier taureau, ce terrible adversaire,
Venait de renverser le lion glorieux.
Et ces vaillants lutteurs occupaient tous les yeux.

Pépin, en ce moment, avec un soin extrême,
Suivait les mouvements, le moindre geste même,
De ces deux combattants. Il dit à ses Seigneurs :
« Qui, de vous tous, se sent un assez grand courage,
« Pour aller séparer ou tuer ces jouteurs,
« Tous les deux animés de colère et de rage ? »
La proposition fit frémir chacun d'eux.

Personne ne dit mot. — Pépin, majestueux,
Dit alors froidement à toute l'assemblée :
« Ce sera donc moi seul ! » Sans hésiter, d'emblée,
Il s'arme de son sabre et va droit au lion,

Qu'il abat à ses pieds, comme aurait fait Samson ;
Puis, déchargeant un coup sur le taureau lui-même,
Il lui coupa la tête, avec sang-froid extrême.

La Cour fut étonnée, en voyant le vainqueur
Prouver, tout à la fois, tant de force et d'ardeur.
Aux railleurs, confondus de sa ferme énergie,
Pépin put dire alors : « David était petit,
« Mais il sut terrasser, par sa force inouïe,
« Le géant orgueilleux qui, bien fou, se permit
« De mépriser son maître !... » On s'écria, de suite,
Que Pépin méritait, par sa noble conduite,
L'empire entier du monde ; et le surnom de *bref*
Fut, depuis, un honneur, pour ce glorieux chef.

CHARLEMAGNE

— *An 768* —

Carloman ne régna que quelques ans, à peine.

— *An 771* —

Il mourut sans laisser puissance souveraine
A l'un de ses enfants (*). On les abandonna.
Par l'accord des Seigneurs, Charles seul gouverna.

(*) Gerberge, femme de Carloman, avait, pour fils, Pépin et Siagre. Les Austrasiens, enchantés des grandes qualités du Roi de Neustrie, vinrent à Carbonne, ou il tenait un parlement et le reconnurent pour leur Souverain.

(**) Charles épousa d'abord Himiltrude, concubine, puis femme du Roi des Lombards, qui fut répudiée peu de temps après, et, à cette époque, il épousa Hildegarde. (Voir page 236).

L'histoire ne parle plus de Pépin, le fils aîné de Carloman ; Siagre fut évêque de Nice et mis plus tard au nombre des saints.

Gerberge, avec ses fils, s'enfuit en Lombardie,
Craignant, pour ses enfants, cruelle perfidie.
Elle y reçut asile et plus tard put rentrer
En France avec ses fils, sans nul trouble attirer.

———

Les Saxons indomptés, ces peuples indomptables,
Déjà vingt fois vaincus, furent encor coupables
De révoltes sans foi, forçant le Souverain
A leur faire la guerre, à les soumettre enfin,
Pour prévenir, au moins, des révoltes nouvelles
Et cent incursions, cent féroces querelles.
Ils furent tous défaits. On pilla leur pays
Et, sous un joug plus dur, ils devinrent soumis.
Charles fit démolir leurs autels, leurs idoles,

— An 772 —

Le temple d'Irminsul (*), où des richesses folles
Se trouvaient à souhait, fut ravagé, détruit.

(*) Voir page 31, Arminius, Chef des Francs, en l'an 10 après J.-C.
avait massacré les légions romaines de Varus. Après sa mort, les Germains
en firent un Dieu, sous le nom d'Irminsul (dieu de la guerre). Charlemagne détruisit cette idole en 772.

Ce peuple, cette fois, par Charles fut réduit ;
Mais, malheureusement, ces Saxons redoutables,
Etaient de plus en plus, chaque jour, intraitables.
Nous les verrons toujours, de Charles, ennemis,
En venir aux combats et toujours insoumis.

———

Didier, Roi des Lombards, ne pouvait voir sans peine,
S'accroître, sous ses yeux, la puissance Romaine.
Il voulut prendre Rome ; et le Pape, aujourd'hui,
Eut encore besoin de secours et d'appui.
Charles fut imploré, qui consentit de suite
A faire au Roi Lombard une vive poursuite.
Il alla voir le Pape ; à Rome il fut reçu,
Et le plan des combats y fut entr'eux conçu.
Charles ratifia tous les dons de son père,
Faits au Pape autrefois et sous sa garde entière.
Didier fut poursuivi, combattu, puis soumis,
Lui, sa femme, sa fille et ses biens furent pris.
En France relégué, Didier perdit la vie.

— An 774 —

Charles fut proclamé Roi de la Lombardie.

Ainsi se termina le règne des Lombards.

Charles se trouva donc, et sans aucun retard,

Le Maître Souverain de toute l'Italie.

———

(*) L'Italie comprenait non seulement ce qu'on nomme aujourd'hui le Piémont, le Montferrat, l'Etat de Gênes, le Parmesan, le Modenois, la Toscane, le Milanais, le Bressan, le Veronnesse et le Frioul, mais encore tout ce que le Roi Charles avait abandonné au Pape, c'est-à-dire l'Exarchat de Ravenne, la Pentapole, la Sabine, Terracine, les Duchés de Spolète et de Bénévent, la marche d'Ancone, le Ferrarais, le Bolonais et, si l'on en croit Anastase le bibliothécaire, l'île de Corse, les provinces de Venise et d'Istrie, le Mantouan et le duché de Reggio. Il est à remarquer que ce religieux Prince, avait su resserrer l'autorité temporelle dans les justes bornes qui conviennent à une puissance subalterne. Tout se passait dans Rome par les ordres absolus du Roi. Les monnaies y étaient frappées à son coin ; les actes publics s'y dataient des années de son règne ; on appelait à ses officiers des jugements que les souverains Pontifes rendaient à l'égard de leurs vassaux.

— An 776 —

Les Saxons, de nouveau (sauvage nation),
Recommencent alors une rebellion.
   Charles marche contre eux ; il passe en Germanie.
A sa vue, on se rend, et la guerre est finie.

— An 777 —

Vitikind, cependant, insoumis au vainqueur,
Reste, de son pays, l'éternel défenseur.
En Danemarck il passe et, plus tard, ce rebelle,
A Charles reviendra faire guerre nouvelle.

— An 778 —

A présent, en Espagne, arrivent des combats,
Augmentant des Français, la gloire et les éclats,
Le célèbre Roland périt dans cette affaire.
   Roland le furieux, poème fait pour plaire
Aux lecteurs, donnera des détails bien plus beaux

Les Papes eux-mêmes avaient recours à la justice du Monarque Français dans leurs affaires personnelles. On en voit un exemple frappant dans ce qui arriva à l'égard de Léon III.

Que ne (*) seraient ici tous ceux de Roncevaux.

— An 778 —

Puis les Saxons, conduits par Vitikind lui-même,
Font encore sentir leur violence extrême.

De Duitz jusqu'à Coblence, ils pillent le pays,
Brûlent, ruinent tout en cruels ennemis,
Exterminent chacun sans distinction d'âge,
De sexe aucunement partout sur leur passage.

Charles, en apprenant tant de nouveaux excès,
S'empresse d'accourir, arrête leurs projets.
Il ne fait nul quartier. Des Saxons la défaite
Devient alors terrible, à tous égards, complète.

Les Saxons atterrés se montrent apaisés.
Et même en quelque point, assez bien disposés
A se faire Chrétiens, à recevoir des prêtres,

(*) Lire *Roland furieux* de l'Arioste.
Roland était neveu de Charlemagne qui, déjà, l'avait nommé Commandant des marches de Bretagne. Charles l'emmena avec lui à la conquête de l'Espagne.

A renoncer enfin aux dieux de leurs ancêtres,
Ce que Charles voulait surtout obtenir d'eux,
Tant le Christianisme était grand à ses yeux.

— An 781 —

Espérant voir la paix pour longtemps rétablie,
Charles, tranquille enfin, se rend en Italie.
Il avait, dans ce temps, quatre fils, dont le sort
Paraissait l'occuper, réclamer un accord.
Pépin, l'aîné d'entr'eux, était né d'Himiltrude (*).
Le principal objet de sa sollicitude
Etait de créer Rois les deux jeunes enfants,
Qu'il avait d'Hildegarde (**), et d'avoir prétendants
Au trône principal de Bourgogne-Neustrie,

(*) Himiltrude, concubine était, mère de Pépin.

(**) Hildegarde, à laquelle Charlemagne avait donné le nom et le rang de Reine, était d'une très noble famille de la nation des Suèves. Ses enfants étaient Charles, Carloman et Louis.

De même qu'à celui de la grande Austrasie,
Pépin, Charles aussi, les deux aînés tous deux
De chaque mariage égaux devant ses yeux.
    Carloman et Louis furent donc du voyage.
    Le Roi partit de Vorms, avec grand entourage.
Sa Cour était nombreuse et brillante surtout.
Elle était admirée, admirable partout.
    A Rome, Charlemagne eut un accueil aimable,
Comme il le méritait. Le Pape couronna
Carloman Roi Lombard (*) et même lui donna
L'autre nom de Pépin, qu'il crut bien préférable,
Lorsqu'il le baptisa. Puis le Prince Louis,
Qui n'avait que trois ans, le plus jeune des fils,
Fut sacré par le Pape et fait Roi d'Aquitaine. (**)
    Charlemagne eut ainsi satisfaction pleine

(*) Le Royaume des Lombards s'étendait depuis les Alpes jusqu'à la
rivière d'Ofante. On y ajouta le Duché de Bavière.

(**) Le Royaume d'Aquitaine comprenait : Le Poitou, l'Auvergne, le
Périgord, le Limousin, le Languedoc et la Gascogne.

— An 781 —

Le Roi Lombard, Pépin, resta dans ses Etats ;
A Milan il fixa son trône, sans débats.
Et Milan fut, depuis, le siège de l'Empire.
Le séjour de Ravenne, encor sut lui sourire.
Quant au Prince Louis, enfant jeune, très beau,
En France il fut mené, porté dans un berceau.
La ville d'Orléans lui fit toutes ses armes,
Tous ses habits de Roi, que relevaient ses charmes.
On le mit à cheval et, comme un puissant Roi,
En Aquitaine il eut les hommages, la foi
Des peuples et des grands, admirant son Altesse,
Et, sûrs de voir, en Elle, une puissance expresse.

— An 782 —

Charles, dans ce voyage, eut le bonheur, enfin,
De connaître un savant, le vertueux Alcuin,
Anglais, dont le savoir, la solide science
Sut rendre en ce moment un grand service en France.
Charles se l'attacha par toutes ses bontés,
Que méritaient vertu, zèle, capacités.

Le Roi, par ses conseils, fit une Académie,
Dans son propre palais, sous ses yeux établie,
Qui devint le modèle, en tout, des Corps savants,
Que l'on vit s'établir, ailleurs, en même temps.

Elle avait, pour objet, l'étude désirable,
Utile, nécessaire, attrayante, admirable,
Des lettres et des arts, des sciences surtout,
Que le Roi fit renaître et répandre partout.

Alcuin alors fonda (*), fit réussir sans peine,
Ecoles à Paris, écoles en Touraine.

(*) Alcuin fonda, sous les auspices du Monarque, plusieurs écoles à Paris, à Tours, à Aix-la-Chapelle et dirigea, lui-même, l'école dite Palatine, qui se tenait dans le palais du Prince, et à laquelle étaient jointes une bibliothèque et une série d'Académies dont Charlemagne faisait partie. Le Monarque aimait surtout à étudier le ciel et le cours des astres. On trouve, dans ses annales, des observations astronomiques fort curieuses.

Charles sut l'entourer de soins particuliers ;
Dans son Académie, il était des premiers.
Il assistait toujours aux doctes assemblées,
Et suivait, avec goût, les causes appelées.
Le Monarque érudit, étudiait le ciel,

— *An 782 à 783* —

Et des astres suivait le cours universel.
La France retira de très grands avantages
De toutes ces leçons, si bonnes et si sages.
Les sciences, les arts, autrefois délaissés,
Se trouvaient aujourd'hui, par Charles, rehaussés.
Le Roi s'acquit ainsi cette brillante gloire,
Qui fut, sans nul combat, sa plus grande victoire (*).

(*) La France doit à Charlemagne la renaissance des arts et des sciences. La tyrannie des Maires du Palais les avait relégués dans une honteuse obscurité ; Charles les rappela par ses bienfaits, les fit monter avec lui sur le trône et, par la protection constante qu'il leur accorda, il mérita le glorieux titre de *Restaurateur des lettres*. Il avait amené, d'Italie, des maîtres d'arithmétique et de grammaire ; il les dispersa en

— *An 784* —

Charles, à Thionville, au moment de l'hiver,
Eut la douleur de perdre Hildegarde, la Reine,
Princesse bien-aimée, aimable souveraine,
Et dont le souvenir resta toujours très cher.
Il épousa bientôt Fastrade, noble fille
D'un des Seigneurs Français, de puissante famille.

— *Ans 784-785* —

A quelque temps de là, Vitikind reparut,
Excitant les Saxons au refus du tribut,

---

différentes villes de ses Etats. Bientôt on vit paraître un capitulaire qui ordonnait d'ouvrir des écoles dans les Eglises, Cathédrales et dans les abbayes les plus riches. Les Ecclésiastiques alors commencèrent à répandre l'Ecriture Sainte, la Théologie et les Humanités.

Cet établissement a peut-être été l'époque de la fondation première de l'Université de Paris, la première et la plus célèbre de toute l'Europe.

Réveillant la fureur de ce peuple indomptable,
Contre la France, alors pour eux bien redoutable,
    Ce grand soulèvement devint si général,
Que, malgré l'insuccès, le désordre final,
Essuyés par ce peuple, il ne put rien entendre
Et ne voulut jamais à la raison se rendre.
Mais ce qui n'avait pu le gagner par combats,
Fut obtenu bientôt et presque sans débats,
Par la clémence seule, admirable vertu,
Qui sut toucher bien plus Vitikind abattu.
    Charlemagne vainqueur, estimant la vaillance
Que Vitikind avait prouvée en sa défense,
Offrit de pardonner cette rebellion,
A cause des hauts faits du glorieux Saxon.
La générosité de cette offre clémente
Subjugua Vitikind, qui, contre toute attente,
Fit sa soumission, fut alors baptisé,
Devint très bon chrétien et fut canonisé.
    Les Saxons, dès ce jour, demeurèrent dociles

Et Charles, glorieux, eut quelques jours tranquilles.

— An 785 —

Un perfide attentat contre les jours du Roi,
Excita, dans ce temps, en France, un grand effroi.
Mais, fort heureusement, il n'eut aucune suite,
Tant la répression et la vive poursuite
Eurent de prompt effet. Cette répression,
Empreinte au plus haut point de modération,
Excita, pour le Roi, l'estime générale,
Une admiration qui n'eut point son égale.

Charles ayant mandé Louis, son jeune fils,
Pour voir ce cher enfant et ses progrès acquis,
Le Prince, à Paterborn, vint visiter son père.
Ce jeune Roi, qu'aimait la France tout entière,
A Paterborn fit son entrée à cheval.
A sept ans, c'était bien charmant Prince royal,
Vêtu comme un Gascon, aux modes enfantines,
Et portant, à ses pieds, de petites bottines,

Où l'éperon, surtout, de son éclat brillait.
Ce Roi de l'Aquitaine, avec art maniait
Son coursier glorieux, à ses ordres docile,
Qui faisait voir combien son Prince était habile.

Chacun s'extasiait, voyant ce petit Roi,
Qui dirigeait, déjà, si bien son palefroi.

Il tenait avec grâce, en main sa javeline,
Quantité de Menins, (*) jeunes, de bonne mine,
Formaient son entourage. En son cortège étaient
Les nobles d'Aquitaine et ceux qui commandaient.

Ce Prince demeura six mois près de son père,
Et puis, dans ses Etats, remplit son ministère.

———————

— *An 787* —

La France jouissait d'une profonde paix,
Qu'on pouvait espérer conserver désormais.

Les Bretons, cependant, alors se révoltèrent ;
Mais les troupes du Roi, tôt les pacifièrent.

———————

(*) On appelait *Menins* les jeunes Seigneurs de même âge que le Roi.

Charles voulut, enfin, voir encore une fois
Le pays d'Italie, agréable à ses lois.
Il y conquit bientôt le Duché de Bavière,
Lequel devint, dès lors, part de la France entière.

— *An 789* —

Charles, dès ce moment, va d'expéditions
En expéditions, et toujours la victoire
Couronne ses efforts, sans interruptions :
Chaque jour contribue à rehausser sa gloire.

— *An 790* —

Sa charité fut grande, ainsi que ses bienfaits.
On pourrait en citer un grand nombre de traits.
Elle lui mérita d'avoir la Terre-Sainte,
A lui même accordée, et sans nulle contrainte. (*)

(*) Cette année de tranquillité fut consacrée à des œuvres de piété. Le Monarque avait établi des magasins de blé dans différents endroits de ses Etats : il le fit donner aux pauvres à la moitié du prix fixé par les ordonnances. Sa charité ne se bornait point à ses seuls sujets ; elle s'étendait jusqu'au delà des mers. Il envoya en Afrique, en Egypte et en Syrie des personnes de sa Cour pour distribuer des sommes considérables, aux Eglises qui gémissaient sous la tyrannie des infidèles.

Ces envoyés avaient ordre de porter de magnifiques présents au Calife des Sarrasins, pour l'engager à traiter humainement les Chrétiens de sa

— An 792 —

Charles eut la douleur de voir son fils aîné,
Pépin, se révolter contre son père même.
Ce fils conspirateur, d'Himiltrude était né :
Il était envieux, contrefait à l'extrême,
Voulait une couronne, et prétendait avoir
Celle du Roi son père, et même le pouvoir.
Son horrible dessein, d'assassiner son père,

---

domination. Il se nommait Haroun-al-Raschid ; c'était le héros de l'Orient, comme Charles était celui de l'Occident. Il avait conçu une si haute idée du Monarque Français, que, pour mériter son amitié, il lui sacrifia la souveraineté de la Terre-Sainte, ne se réservant que le titre de son lieutenant. On remarque, entr'autres présents qu'il lui fit, un pavillon de fin lin, varié de diverses couleurs, si élevé, qu'un trait décoché par le bras le plus vigoureux, ne pouvait aller jusqu'au sommet ; si vaste qu'il contenait autant d'appartements que le plus superbe palais.

Mais ce qui attira surtout les regards des curieux fut une de ces horloges qu'on appelle Clepsydres, parce que l'eau les faisait marcher.

Le cadran était composé de douze petites portes, qui représentaient la division des heures. Chaque porte s'ouvrait à l'heure qu'elle devait indiquer et donnait passage à un nombre égal de petites boules qui tombaient, en différents temps égaux, sur un tambour d'airain. L'œil jugeait de l'heure par la quantité de portes ouvertes, et l'oreille, par celle des coups que les boules frappaient. Lorsque la douzième heure sonnait, douze petits cavaliers sortaient et refermaient les portes en faisant le tour du cadran.

Fut déjoué. — Pépin fut mis au Monastère. *

— An 794 —

Fastrade alors mourut. Charles avait toujours
Conservé, pour la Reine, une faiblesse extrême,

(*) Le jour était pris pour l'exécution de cet horrible parricide ; mais la Providence permit qu'un Lombard, nommé Fardulfe, s'endormît dans un coin de l'Eglise où les conjurés s'assemblaient pour prendre leurs dernières mesures. Il entendit tous les secrets et en avertit le Roi. On se saisit aussitôt de Pépin et de tous ses complices. Le Parlement fut assemblé et les coupables jugés dans toute la sévérité des lois. La clémence était la vertu favorite du Prince. Il y en eut peu d'exécutés, les autres furent envoyés en exil et leurs biens furent confisqués. Le nouvel Absalon fut rasé et confiné au Monastère de Prusse dans l'Evêché de Trèves. Fardulfe, pour récompense, eut l'abbaye de Saint-Denis.

Et, malgré ses hauteurs, jusqu'à ses derniers jours
Ce grand Prince l'aima, la regretta de même.
    Le Monarque, deux fois l'accablant de bontés,
Vit ses jours exposés par ses duplicités.
La nation, jamais, n'aima cette Princesse,
Ses cruautés surtout lui déplurent sans cesse (*).

— An 800 —

    A Rome, Charlemagne eut titre d'Empereur,
D'Empereur d'Occident et d'Auguste vainqueur.
Le Pape lui donna l'éclatante couronne,
Alors si méritée et flattant sa personne.
Charles, son fils aîné, fut sacré cette fois,
Eut couronne Royale, et l'onction des Rois.

— An 802 —

    L'Empereur d'Orient, en ce temps Nicéphore,
Désireux d'assurer une paix qu'il implore,
Auprès du souverain, si grand en Occident,

(*) En 796, Charlemagne épousa Luitgarde.

Qui partageait aussi ce désir très ardent,
Envoie à Charlemagne une ambassade expresse,
Pour obtenir la paix, que, de faire on s'empresse.

  Nicéphore se nomme Empereur d'Orient,
Et Charlemagne est bien Empereur d'Occident *

(*) Nicéphore, à Constantinople, venait de se faire couronner Empereur d'Orient. Son premier soin fut alors d'envoyer des Ambassadeurs en France, pour assurer la paix entre les deux Empires. Ils trouvèrent l'Empereur en Alsace dans son palais de Seltz. Ce prince, pour leur donner un exemple de la magnificence Française et pour rabattre l'arrogance des Grecs, voulut qu'on les introduisît à son audience d'une manière qui leur causât autant de surprise que d'embarras.

On les fit passer par quatre grandes salles magnifiquement parées, où l'on avait distribué les officiers de la maison du Roi, tous richement vêtus, tous dans une contenance respectueuse et debout devant celui des Seigneurs qui les commandait.

Dès la première, où était le connétable, assis sur une espèce de trône, les envoyés se mirent en devoir de se prosterner. On les en empêcha, leur représentant que ce n'était qu'un officier de la Couronne. Même erreur dans la seconde, où ils trouvèrent le Comte du palais avec une Cour encore plus brillante. La troisième, où était le maître de la table du Roi, et la quatrième, où présidait le grand Chambellan, en redoublant leur incertitude, donnèrent lieu à de nombreuses méprises, le degré de magnificence augmentant à proportion du nombre des salles. Enfin, deux seigneurs vinrent les prendre et les introduisirent dans l'appartement de l'Empereur.

Le monarque, tout éclatant d'or et de pierreries, était debout auprès d'une fenêtre, au milieu des Rois ses fils, des Princesses ses filles, et d'un grand nombre de Ducs et de Prélats, avec lesquels il s'entretenait familièrement. Il avait la main appuyée sur l'épaule de l'évêque Hetton,

— An 804 —

Charlemagne ne put avoir la fin des guerres,
Qu'il dut faire aux Saxons, toujours très meurtrières,
Qu'en les arrachant tous, des Etats primitifs.
Ils furent répandus, par des moyens actifs,
Sur des points différents du Royaume de France.
Ce moyen fut le seul fixant leur alliance.

---

pour lequel il affecta d'autant plus de considération, qu'il avait essuyé plus de mépris dans son ambassade à la Cour de Constantinople. Les ambassadeurs, saisis de crainte, se prosternèrent à ses pieds.

Il s'aperçut de leur embarras, les releva avec bonté et les rassura, en leur disant qu'Hetton leur pardonnait et que lui-même, à la prière du prélat, voulait bien oublier ce qui s'était passé.

La négociation ne souffrit aucune difficulté, et le traité fut bientôt signé. Il portait que Charlemagne et Nicéphore auraient également le nom d'Auguste, que le premier prendrait le titre d'Empereur d'Occident, le second, celui d'Empereur d'Orient ; que tout ce qui était en Italie depuis l'Ofante et le Volturne jusqu'à la mer de Sicile, demeurerait sujet à l'Empire d'Orient, et que tout le reste serait de l'Empire d'Occident, avec les deux Pannonies, la Dace, l'Istrie, la Liburnie et la Dalmatie. Cet accommodement fut suivi de la soumission du Duc de Bénévent. Il s'était révolté à l'instigation des Grecs : il fit sa paix à leur exemple.

— An 806 —

L'Empereur jouissant de la tranquillité,
Partagea ses Etats, avec grande équité,
Entre ses trois enfants qui, de suite, jurèrent
De respecter entre eux, ses lois qu'ils approuvèrent.

— An 810 —

Mais, en l'an huit cent dix, cette profonde paix
Pour le Roi fut troublée, et troublée à l'excès,
Par la mort de Pépin, jeune Roi d'Italie,
Dont le seul fils, Bernard, fut Roi de Lombardie.

Ses cinq filles restaient auprès de l'Empereur,
Qui les fit élever, en père de grand cœur.

Le Monarque pleura cette mort, à l'extrême,
Et, peu de temps après, Charles mourut de même,
Ayant trente-cinq ans. Charlemagne perdait,
Dans un très court délai, deux fils qu'il chérissait.

A ce double malheur, le Roi fut très sensible :
Il ne lui restait plus qu'un héritier possible,

Louis, son jeune fils, qui paraissait avoir
Toutes les qualités qu'on eût voulu lui voir.
Il était généreux, très bon, pieux, aimable,
Pour les Religieux, zélé, très secourable,
Juste envers ses sujets, remplissant son devoir
Avec exactitude et de tout son pouvoir.

———

L'Empereur, très charmé de sa grande sagesse,
Voyant que, de ce fils, on lui vantait, sans cesse,
Toutes les qualités, décida, dès ce jour,
D'associer ce prince, objet de tant d'amour,
A son Empire même, et ce Roi d'Aquitaine,
Sur rapport attestant (*) sa sagesse certaine,
Fut de suite mandé par Charles, très heureux
De voir le Roi Louis répondre à tous ses vœux.

———

(*) La renommée publiait des merveilles sur ce jeune Prince. L'Empereur n'osait y ajouter foi ; il voulut être certain qu'on ne le trompait pas. Il envoya en Aquitaine un homme de confiance nommé Archambaud,

Il assembla bientôt tous les Seigneurs de France
Et leur fit partager toute la confiance,
Qu'il avait en son fils, lequel fut acclamé
De toute l'Assemblée et justement nommé
L'Associé du Roi sur le trône de France.

———

sous prétexte de quelque affaire, mais en effet pour examiner la conduite de son fils. On lui rapporta que Louis gouvernait avec tant de sagesse, que, quoique sa maison fût magnifique, ses peuples vivaient dans une grande abondance. « Oh! mes compagnons, s'écria-t-il dans les transports de sa joie, réjouissons-nous de ce que ce jeune homme est déjà plus sage et plus habile que nous. » Dès lors l'association à l'Empire fut résolue. Ce grand Prince se sentait affaiblir de jour en jour; il manda le Roi d'Aquitaine et ayant assemblé les Seigneurs de la Nation, il leur proposa son dessein. On ne lui répondit que par des acclamations.

On choisit un dimanche, où ce couronnement,
Pour Louis, se ferait très solennellement.

Le Monarque y portait les marques de l'Empire,
Appuyé sur son fils. Tout semblait lui sourire.

— *An 813* —

Il fit à la chapelle (*) une courte oraison,
Puis, après un discours bien rempli d'onction,
Et de conseils au Prince, il lui dit d'aller prendre
Sa couronne de Roi, qui paraissait l'attendre,
En dépôt sur l'autel, et de la mettre, alors,
Lui-même sur sa tête, en foi de leurs accords;
Ce que le Prince fit avec grâce et prestesse,
Au milieu des Seigneurs, de toute la noblesse,
En foule l'acclamant de leurs plus vifs transports.

A quelques jours de là les Rois se séparèrent,
Rentrant en leurs Etats, que tous deux gouvernèrent.

(*) Une magnifique chapelle qu'il avait bâtie quelques années auparavant.

— An 814 —

En l'an huit cent quatorze, une fièvre surprit
Charlemagne qui, vite, en ce temps, s'affaiblit.
Ce grand.Prince mourut * auprès d'Aix-la-Chapelle ;
Il y fut inhumé dans l'Eglise, très belle,
Qu'il avait fait bâtir. Toutes ces actions
Peignent assez le Roi que nous glorifions.

(*) Charlemagne avait alors soixante-douze ans ; il travaillait sur l'Ecriture Sainte et en corrigeait un exemplaire qu'on lui avait donné, lorsque la fièvre le surprit. Sept jours de maladie et une prodigieuse abstinence, l'affaiblirent extrêmement. Il reçut l'extrême-onction, ensuite le Viatique, suivant la pratique de ce temps-là, et, se sentant près de mourir, il fit le signe de la croix sur son front et sur son cœur, posa les mains sur son estomac, ferma les yeux et expira en prononçant distinctement ces paroles du Psalmiste : « Seigneur, je remets mon esprit entre vos mains. »

Ainsi mourut le héros de la France et de l'Univers, le modèle des grands Rois, l'ornement et la gloire de l'humanité.

Il a très noblement, avec force et puissance,
Agrandi, complété, bien gouverné la France.

Le code de ses lois (*) lui fait beaucoup d'honneur.
Charlemagne (**) fut grand, le plus grand Empereur.

(*) Les capitulaires de Charlemagne.
(**) Il fut mis au nombre des Saints. Il est le patron de l'Université
de Paris. Sa charité lui valut le glorieux nom *de Père de l'Univers.*

LOUIS I LE DÉBONNAIRE.

———

FIN DES TRADITIONS ANCIENNES.

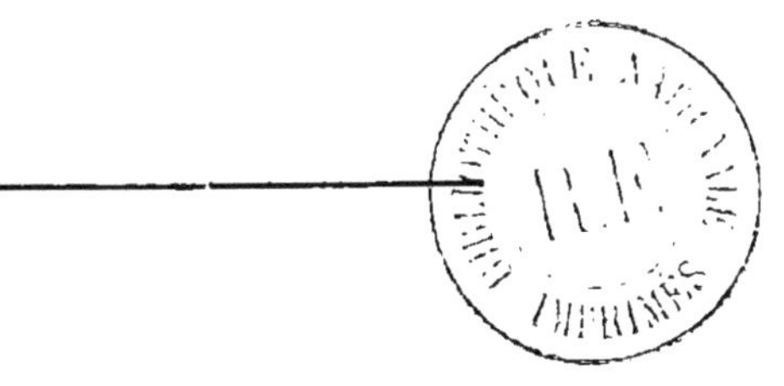

TRADITIONS ANCIENNES

LA FRANCE.

TABLE

Grand- Imprimerie du Centre. — Herbin, à Montluçon

9 782014 0973